Activities Manual
Dicho y hecho

NINTH EDITION

Beginning Spanish

Kim Potowski
University of Illinois at Chicago

Silvia Sobral
Brown University

Laila M. Dawson
Professor Emerita,
University of Richmond

WILEY

VICE PRESIDENT AND EXECUTIVE PUBLISHER	Jay O'Callaghan
DIRECTOR, WORLD LANGUAGES	Magali Iglesias
SENIOR DEVELOPMENTAL EDITOR	Elena Herrero
ASSOCIATE EDITOR	Maruja Malavé
ASSISTANT EDITOR	Lisha Perez
ASSOCIATE DIRECTOR OF MARKETING	Jeffrey Rucker
MARKETING MANAGER	Tiziana Aime
SENIOR MARKETING ASSISTANT	Susan Matulewicz
MARKET SPECIALIST	Elena Casillas
SENIOR PRODUCTION EDITOR	William A. Murray
SENIOR MEDIA EDITOR	Lynn Pearlman
MEDIA PROJECT MANAGER	Margarita Valdez
SENIOR PHOTO EDITOR	Elle Wagner
DIRECTOR, CREATIVE SERVICES	Harry Nolan
COVER DESIGN	Maureen Eide
COVER IMAGE	Cosmo Condina/SuperStock

ILLUSTRATORS
Escletxa Studio; Carlos Castellanos; Peter Graw; Paul McCusker; Josée Morin

PHOTO CREDITS
Page WB 39: Paul Barton/©Corbis. Page WB 96: Andersen Ross/Iconica/Getty Images, Inc. Page LM 34 (top): Michael Newman/PhotoEdit. Page LM 34 (center left): Courtesy of Laila Dawson. Page LM 34 (center right): John and Lisa Merrill/Danita Delimont. Page LM 34 (bottom left): David McNew/Getty Images, Inc. Page LM 34 (bottom right): Robert Frerck/Woodfin Camp & Associates. Page LM 104: Mug Shots/©Corbis. Page LM 118 (left): Photolibrary/Getty Images, Inc. Page LM 118 (center): Digital Vision/Media Bakery, LLC. Page LM 118 (right): Riser/Getty Images, Inc. Page LM 119 (left): Photographer's Choice/Getty Images, Inc. Page LM 119 (right): Photonica/Getty Images, Inc.

This book was set in ITC Highlander Book by Curriculum Concepts International and printed and bound by Bind-Rite Robbinsville.

This book is printed on acid-free paper.

Founded in 1807, John Wiley & Sons, Inc. has been a valued source of knowledge and understanding for more than 200 years, helping people around the world meet their needs and fulfill their aspirations. Our company is built on a foundation of principles that include responsibility to the communities we serve and where we live and work. In 2008, we launched a Corporate Citizenship Initiative, a global effort to address the environmental, social, economic, and ethical challenges we face in our business. Among the issues we are addressing are carbon impact, paper specifications and procurement, ethical conduct within our business and among our vendors, and community and charitable support. For more information, please visit our website: www.wiley.com/go/citizenship.

Evaluation copies are provided to qualified academics and professionals for review purposes only, for use in their courses during the next academic year. These copies are licensed and may not be sold or transferred to a third party. Upon completion of the review period, please return the evaluation copy to Wiley. Return instructions and a free of charge return shipping label are available at: www.wiley.com/go/returnlabel. Outside of the United States, please contact your local representative.

ISBN: 978-0-470-90702-3

Printed in the United States of America

10 9 8 7 6 5 4 3 2 1

Contents

Preface

The Activities Manual that accompanies **Dicho y hecho, Ninth Edition,** consists of three sections: *Cuaderno de actividades, Manual de laboratorio,* and *Cuaderno de actividades Answer Key.*

Cuaderno de actividades

The written exercises in the *Cuaderno de actividades* practice and reinforce the vocabulary and structures presented in the main text. Each chapter offers a variety of exercises and activity types in a consistent chapter structure. Students and instructors can choose from the many activities in the *Cuaderno:*

- Practice of theme vocabulary through word definitions
- Grammar-specific exercises that practice language structures within a context
- Realia-based exercises for the purpose of further developing reading skills
- Chapter review through questions that relate to the students' lives
- Structures and vocabulary recycled throughout

Manual de laboratorio

The *Manual de laboratorio* accompanies the Laboratory Audio which is available in *WileyPLUS.* The Laboratory Audio supports learning through practice and reinforcement of the vocabulary and structures. Together, the Laboratory Audio and the *Manual de laboratorio* offer:

- A highly effective visual component based on the vocabulary-related and structure-related illustrations from the text
- Guided listening exercises (students listen with a particular focus and respond in writing to the information presented) based on authentic realia and a variety of other materials
- Guided oral/aural exercises that reinforce the structures presented in the main text
- Personalized question exercises in the *Preguntas para ti* sections
- *Así se pronuncia,* a pronunciation component (in Chapters 1-8 only), presents key points on Spanish pronunciation and spelling and provides listening and oral practice
- *Escenas:* these brief, situational conversations designed for listening practice, employ authentic language to provide concise, practical, and natural contexts in which to apply the chapter's vocabulary and grammar and integrate listening strategies through the use of pre- and post-listening exercises

The Answer Key to the written responses in the *Manual de laboratorio* is available as an electronic file on the **Dicho y hecho** Instructor Companion Website at www.wiley.com/college/potowski and in *WileyPLUS* as an Instructor Resource.

Cuaderno de actividades Answer Key

The *Cuaderno de actividades Answer Key* at the end of the Activities Manual encourages students to monitor and evaluate their work. Answers are not provided for the realia-based reading exercises, the review questions at the end of each chapter, or creative writing activities. Thus, students are provided with a combination of controlled exercises that may be self-corrected and opportunities for self expression.

The **Dicho y hecho** classroom text with its ancillary *Cuaderno de actividades, Manual de laboratorio,* Laboratory Audio, and Web-extended components, offers a solid, comprehensive, and engaging program of language study.

Cuaderno de actividades

Nuevos encuentros

Words of advice . . .

To gain maximum benefit from these writing exercises:

a) Study the section in the textbook that corresponds to the exercise(s);

b) Try to complete the exercise(s) within each section with minimal reference to the text;

c) Consult the *Answer Key* at the back to *correct* your work, making corrections with a pen or pencil of a contrasting color. Corrections in a different color ink will stand out when you later review your work, helping you identify and focus on potential problem areas needing further study as you prepare for classroom practice and testing. Answers are not provided for reading, chapter review, or creative writing exercises. Apply what you have learned!

Así se dice

Nuevos encuentros

1-1 What would you say in the following situations?

1. You want to learn your instructor's name.

   Cómo se llama usted?

2. You want to learn your classmate's name.

   Como te llamas

3. You want to tell your name to a classmate.

   Me llamo

4. You want to introduce your friend Octavio to the teacher.

   Profesor/a, le presento a mi amigo Octavio

5. You want to introduce your friend Octavio to your classmate José.

José, te presento a mi amigo Octavio

6. You have just been introduced to a classmate. How do you respond?

Mucho gusto

7. Professor Linares from Granada, Spain, has just stated that she is pleased to meet you. How do you respond?

El gusto es mío

1-2 Write a question to inquire where the following people are from. Then write the response according to the information provided. Don't forget to use Spanish punctuation (¿ ?).

Modelo: Elena / Colorado _¿De dónde es Elena?_

Es de Colorado.

1. la profesora Guzmán / España

¿De dónde es la profesora Guzmán?

Es de España.

2. usted / Texas

¿De dónde es usted?

Es de Texas

3. tú / Arizona

De dónde es tú?

Es de Arizona

4. ellas / Chicago

De dónde es ellas?

Es de Chicago

Así se dice

Las presentaciones

1-3 In the box below, circle the expressions you would use in a formal conversation and underline those you could use in an informal conversation (some expressions may be both circled and underlined). Then, create a conversation between you and a friend using appropriate expressions (they can be used more than once if needed.)

¿Cómo estás?	Buenos días, señor/a	¿Y usted?	¡Hola!	Regular.
Bien, gracias.	Pues, hasta luego.	¿Y tú?	Hasta mañana.	¿Qué tal?
¿Qué pasa?	¿Cómo está usted?	Adiós.	Fenomenal.	Pues nada. Voy a…

Tú: _Hola ¿que tal?_

Tu amigo: _bien, Gracias ¿y tu?_

Tú: _¿Que pasa?_

Tu amigo: _Pues nada. Voy a clase_

Tú: _Pues, hasta luego_

Tu amigo: _hasta luego_

1-4 What would you say in the following situations?

Modelo: You want to greet Mrs. Gutiérrez. It is 10:00 A.M.

Buenos días, señora Gutiérrez.

1. You want to greet Mr. Gutiérrez. It is 2:00 P.M.

Buenos tardes, Mr. Gutiérrez

2. You want to ask Mr. Gutiérrez how he is.

Cómo está usted

3. You see your friend Lisa at a party and want to greet her.

   Hola, Lisa

4. You want to ask Lisa how she is.

   Cómo estás

5. You want to ask Lisa what's happening.

   ¿Qué pasa?

6. You leave the gathering and plan to see your friends again tomorrow.

   Hasta mañana

Así se dice

Expresiones de cortesía

 What would you say in the following situations?

1. You are dancing with a friend and accidentally step on his/her toe.

   Perdón

2. A friend gives you a birthday present. What do you say to him/her? How does he/she respond?

   Gracis, De nada

3. You want to pass by some people who are blocking the refreshment table.

   Con permiso

4. You would like to ask a question and you want to get the professor's attention.

   Perdón, professor

Así se forma

Identifying and describing people: Subject pronouns and the verb *ser*

Indicate what pronouns you would use to talk . . .

1. about yourself _____

2. about you and some friends _____

3. to a good friend of yours _____

4. in Spain, to several friends _____

5. in Latin America, to several friends _____

6. about two female friends _____

7. to a stranger older than you _____

Does your best friend fit the following description? Answer the questions affirmatively or negatively. Don't forget to use Spanish punctuation (¡ !) if you want to make your response more emphatic.

Modelo: ¿Es egoísta? <u>Sí, es egoísta. o ¡No, no es egoísta!</u>

1. ¿Es pesimista? _____

2. ¿Es inteligente? _____

3. ¿Es irresponsable? _____

4. ¿Es sentimental? _____

Complete the descriptions with the correct form of the verb **ser**.

1. Nosotros _____somos_____ estudiantes.

2. Yo _____soy_____ responsable y puntual.

3. Marta y Camila _____son_____ creativas y generosas.

4. Carlos _____es_____ independiente y extrovertido.

Así se forma

Los cognados

1-9 Match the opposites.

1. extrovertido ___   a. nervioso
2. optimista ___   b. pesimista
3. liberal ___   c. generoso
4. organizado ___   d. desorganizado
5. paciente ___   e. serio
6. egoísta ___   f. introvertido
7. tranquilo ___   g. conservador
8. cómico ___   h. impaciente

Now, describe four people of your choice using adjectives from the lists above.
Modelo: _Bill Gates es muy generoso y organizado._

1._____

2._____

3._____

4._____

1-10 Describe one of the following people (circle it below) using cognates from the textbook and the list above.

| tu mejor amigo | tu padre | tu profesor favorito |

_____

_____

_____

_____

Así se dice

Los números del 0 al 99

1-11 Do the following math problems. Spell out your answers.

1. 8 + 7 = _____

2. 15 + 12 = _____

3. 25 + 35 = _____

4. 38 + 42 = _____

5. 50 – 4 = _____

6. 70 – 15 = _____

7. 40 – 26 = _____

8. 100 – 7= _____

1-12 First write your telephone number. Remember that in Spanish the digits of phone numbers are usually given in pairs: 4-86-05-72. Then write out your number in words (**palabras**).

Número: _____

Palabras: _____

_____

Así se dice

El alfabeto

1-13 Write out the spellings of the following cities.

Modelo: Lima: _ele – i – eme – a_

Montevideo: _____

La Habana: _____

San José: _____

The city where you live: _____

Así se dice

Los días de la semana y los meses del año

1-14 First fill in the missing days on the calendar. Then complete the sentences to indicate Ana's schedule for the week.

lunes	____	____	____	____	____	____
clase de español	clase de historia gimnasio	clase de español	clase de historia	clase de español	fiesta de Sancho	concierto

1. Ana va (*goes*) a la clase de español ___el___ ___lunes___, ___el___ ___miércoles___ y ___el___ ___viernes___.

2. Va a la clase de historia ___el___ ___martes___ y ___el___ ___jueves___.

3. Va al gimnasio ___el___ ___martes___.

4. Va a la fiesta de Sancho ___el___ ___sábado___.

5. Va al concierto ___el___ ___domingo___.

1-15 Write the months that correspond to the given seasons in North America.

1. Los meses del invierno (*winter*) son diciembre, ___enero___ y ___febrero___.

2. Los meses de la primavera son marzo, ___abril___ y ___mayo___.

3. Los meses del verano son junio, ___julio___ y ___agosto___.

4. Los meses del otoño son septiembre, ___octubre___ y ___noviembre___.

Dicho y hecho: Cuaderno de actividades

1-16 Read the following information on the origin of the name for each month.

Reading hint: When reading, you do not have to understand the meaning of every word. Find the words you understand and try to guess the meaning of other words by the context.

LOS MESES

enero: Del latín *januarius*. Para los romanos, el mes del dios Jano.

febrero: En latín *februa* significa sacrificio, el último° mes del año.   *last*

marzo: En honor de Marte, el dios de la guerra°, el primer mes del año en el calendario romano.   *war*

abril: Del latín, *aperire*. Mes consagrado a la diosa Venus.

mayo: Proviene de Maia, hija de Atlas, el gigante que sostenía al mundo°.   *world*

junio: Viene de Juno, diosa romana del matrimonio.

julio: En honor al emperador Julio César.

agosto: En honor al emperador Augusto.

septiembre, octubre, noviembre y diciembre: Están relacionados con la antigua posición en el calendario romano: séptimo°, octavo, noveno y décimo.   *seventh*

Palabra útil: dios *god*

From the description of each month, pick out one or two cognates that you recognize or can guess. Write the words and their English equivalents.

Modelo: enero: <u>latín = Latin; romanos = Romans</u>

febrero: _____

marzo: _____

abril: _____

mayo: _____

junio: _____

julio: _____

agosto: _____

septiembre, octubre, noviembre y diciembre: _____

_____

Así se dice

1-17 First indicate what dates correspond to the following events. Then write out the dates.

> **Modelo:** el Día de la Independencia de los Estados Unidos.
>
> __4__ / __7__   el cuatro de julio_____
> día   mes

1. cumpleaños de mi amigo/a

   ____ / ____   _____
   día   mes

2. las vacaciones del Día de Acción de Gracias comienzan (*begin*)

   ____ / ____   _____
   día   mes

3. el aniversario de mis papás/ mi aniversario con mi pareja (*partner*)

   ____ / ____   _____
   día   mes

4. las vacaciones de primavera comienzan

   ____ / ____   _____
   día   mes

5. la graduación de la universidad

   ____ / ____   _____
   día   mes

6. mi cumpleaños

   ____ / ____   _____
   día   mes

Así se dice

Decir la hora

1-18 Draw in the hands on the clocks to indicate the times given.

a. m.   a. m.   p. m.   p. m.

1. Son las dos y veinticinco.

2. Es la una y cuarto.

3. Son las doce y media.

4. Son las siete menos veinte.

1-19 Write the time of day according to each clock.

a. m.   a. m.   p. m.   p. m.

¿Qué hora es?

1. _Son las_ _____

2. _____

3. _____

4. _____

Repaso general (*General review*)

1-20 Answer the questions in complete sentences.

1. ¿Cómo te llamas?

   _____

2. ¿De dónde eres?

   _____

3. ¿Cómo estás?

   _____

4. ¿Qué día es hoy? ¿Qué día es mañana?

   _____

5. ¿Qué días vas a la clase de español?

   Voy los _____

6. ¿Qué fecha es hoy?

   _____

7. ¿Cuándo es tu (*your*) cumpleaños?

   Mi _____

8. Disculpa. ¿Qué hora es?

   _____

1-21 On a separate piece of paper write a note introducing yourself to your professor. First, indicate when you are writing the note, including day of the week, day, date and time (the last two written out.) Then briefly describe yourself, choosing qualities that might be relevant for him/her to know you as a student.

> Remember to check your answers with those given in the *Answer Key* at the end of the workbook and make all necessary corrections with a pen or pencil of a different color.

CAPÍTULO 2 La vida universitaria

Así se dice

La vida universitaria

2-1 Write the names of five things you are likely to find in the following places, do not repeat any words.

En el laboratorio: _____, _____, _____,

_____, _____

En el aula: _____, _____, _____,

_____, _____

En la mochila de un estudiante: _____, _____,

_____, _____, _____

2-2 For each numbered word or expression in the following exercise, write a word from the box that you associate with it.

la composición	el sitio web	el teclado	el cuaderno
el ratón	la tarea	la red/Internet	la nota

1. _____ el trabajo escrito

2. _____ buscar información

3. _____ las hojas de papel

4. _____ la página web

5. _____ las letras (a, b, c,...), números y símbolos

6. _____ la computadora, hacer *clic*

7. _____ el vocabulario/ los verbos/ estudiar

8. _____ el examen

2-3 Tell whether you have or do not have the following in your classroom. Use **hay** (*there is/are*).

Modelo: ventanas <u>Sí, hay ventanas. o No, no hay ventanas.</u>

1. un video o DVD (devedé) _____

2. televisor _____

3. un reloj _____

4. pizarra/s _____

5. un escritorio _____

6. un mapa _____

7. computadora/s _____

2-4 Read the following course description.

Reading hints: *When reading the course description, first examine the words that you already know. Then look for cognates (words that look the same and have similar meanings in both English and Spanish).*

Can you guess the meaning of the following words?

signos = _____

iniciación = _____

certificado = _____

Guess the meaning of other words by their context (i.e., the words that surround them). What do the following words mean?

matrícula = _____

niveles = _____

horario = _____

UNIVERSIDAD DE SAN ISIDRO
CURSOS DE LENGUAJE DE SIGNOS
NIVELES INICIACIÓN, MEDIO Y SUPERIOR
(50 HORAS, 3 CRÉDITOS)

Cursos 101, 2, 3

Director: Rafael Ángel Sáenz

Profesorado: Facultad° de Lingüística y Filología   *Department*

Duración del curso: 50 horas

Certificación: Certificado de aptitud° o de asistencia°   *proficiency/*
                                                                                              completion
Número máximo de estudiantes por curso y grupo: 25

Matrícula: 2.000 pesos

Calendario de clases:

- Nivel iniciación: del 6 de septiembre al 19 de noviembre
  Horario de clases: lunes y miércoles de 17:30 a 20:30

- Niveles medio y superior: del 4 de septiembre al 20 de noviembre Horario de clases: martes y jueves de 17:30 a 20:30

Inscripciones previas:
    Del 10 de agosto hasta el 2 de septiembre (de 9 a 14 horas)
    en la Facultad de Filología y Lingüística Españolas

Edificio 12
Tel.: 919-41-02
Fax: 919-35-54
E-mail: fyling@sanisidro.edu

---

1. ¿Cómo se llama la universidad?

   _____

2. ¿Cuál es el correo electrónico de la Facultad de Lingüística y Filología?

   _____

3. ¿Cuál es el horario de clases del nivel iniciación?

   _____

4. ¿Cuál es el horario de clases de los niveles medio y superior?

   _____

5. Hay dos clases de certificados. ¿Cuáles son?

   _____

Así se forma

1. Identifying gender and number: Nouns and articles

2-5 Complete the following sentences.

1. **¿el, la, los o las?**

   Los estudiantes deben (*should*) completar:

   _____ tarea   _____ examen   _____ oraciones   _____ composición

   _____ ejercicios   _____ respuestas   _____ prueba   _____ problema

2. **¿un, una, unos o unas?**

   Para las clases los estudiantes necesitan comprar (*need to buy*):

   _____ cuadernos   _____ mochila   _____ mapas   _____ bolígrafo

   _____ lápiz   _____ calculadora   _____ diccionario   _____ libros

2-6 Change the following nouns to the plural form. Then indicate how many
(*¿Cuántos?*) of each item you usually buy, use, or have each semester.
Write out the numbers.

¿Cuántos?

Modelo: el libro _____los libros_____   _nueve_

1. el examen   _____   _____

2. el lápiz   _____   _____

3. la pluma   _____   _____

4. el ratón   _____   _____

5. el cuaderno   _____   _____

6. la composición   _____   _____

Así se dice

El campus universitario

2-7 Think about four classes these students will probably have to take in order to graduate
and complete their majors.

Octavio, especialización en Ingeniería de Computación: _____,

_____, _____, _____

Rubén, especialización en Ciencias Políticas: _____,

_____, _____, _____

Natalia, especialización en Finanzas: _____, _____,

_____, _____

Linda, especialización en Ciencias Agrícolas: _____,

_____, _____, _____

2-8 Where do you go to do these things? If there are different places where you do these things, write both.

1. comprar (*buy*) un diccionario _____

2. estudiar para un examen _____

3. consultar con el profesor _____

4. escuchar ejercicios de español _____

5. hablar (*talk*) con tus amigos _____

6. descansar (*rest*)_____

Así se forma

2. The present tense and talking about going places: *Ir + a + destination*

2-9 Tell where you and your friends are going this afternoon. Then indicate whether the destinations are primarily academic (**académico**) or not academic—that is, for entertainment or relaxation.

Modelo: yo / el teatro <u>Voy al teatro.</u> ☐ Académico ☒ No académico

1. Clara / la clase de español ☐ Académico ☐ No académico

   _____

2. Carlos y Teresa / el centro estudiantil ☐ Académico ☐ No académico

   _____

3. Lisa y yo / la biblioteca ☐ Académico ☐ No académico

   _____

4. tú / la oficina del profesor ☐ Académico ☐ No académico

   _____

5. Carlos y tú / el gimnasio ☐ Académico ☐ No académico

   _____

6. Samuel / el restaurante ☐ Académico ☐ No académico

   _____

Dicho y hecho: Cuaderno de actividades

2-10 According to her schedule, tell which days and at what time Lidia goes to her classes. Spell out the times.

Hora	Lunes	Martes	Miércoles	Jueves	Viernes
9:45		contabilidad		contabilidad	
10:25	historia		historia		historia
11:15		química		química	
1:30		lab. química			
2:35	economía		economía		

Modelo: contabilidad <u>Va a la clase de contabilidad los martes y los jueves a las diez menos cuarto (nueve y cuarenta y cinco) de la mañana.</u>

1. historia _____

   _____

2. química _____

   _____

3. laboratorio de química _____

   _____

4. economía _____

   _____

2-11 At a university in Puerto Rico, you see certain events of interest on a student activities board. Indicate at what time each event takes place. Answer in complete sentences. Then indicate whether you would be interested in attending.

1. ¿A qué hora es la obra de teatro?

_____

☐ Voy a ir.   ☐ No voy a ir.

2. ¿A qué hora es el concierto?

_____

☐ Voy a ir.   ☐ No voy a ir.

3. ¿A qué hora es el baile flamenco?

_____

☐ Voy a ir.   ☐ No voy a ir.

2-12 Use appropriate words to tell when the following activities are taking place.

Modelo: Mis amigos no llegan hoy. Llegan <u>mañana</u>.

1. No voy a estudiar por la tarde. Voy a estudiar _____.

2. ¡Pobre Miguel! Necesita trabajar todo el día y toda _____.

3. Teresa va a clases por la mañana y _____.

4. No llego tarde a clase. Llego _____.

5. Vamos a practicar español todos _____.

6. No van a fiestas durante la semana. Van a fiestas _____.

2-13 How often do you and your friends do these things?

> **Modelo:** Para cenar (*have dinner*), ¿vas a la cafetería o a un restaurante?
>
> <u>Casi siempre voy a la cafetería, pero a veces voy a un</u>
>
> <u>a un restaurante.</u>

1. Para comprar (*buy*) tus cuadernos, lápices y bolígrafos, ¿vas a la librería de la universidad o al centro comercial (*mall*)?

   _____

2. Para estudiar, ¿van tú y tus amigos a la biblioteca, al centro estudiantil o a su casa o residencia?

   _____

3. ¿Vas a clase temprano, a tiempo o tarde?

   _____

Así se forma

3. Talking about actions in the present: Regular *-ar* verbs

2-14 Using yes/no answers, indicate **a**) whether students in general do or do not do the following activities and **b**) whether you do or do not do the same things.

> **Modelo:** estudiar en la biblioteca
>
> **a)** <u>Sí, los estudiantes casi siempre estudian en la biblioteca. o</u>
>
> <u>No, los estudiantes no estudian en la biblioteca nunca.</u>
>
> **b)** <u>Yo (no) estudio en la biblioteca.</u>

1. estudiar los fines de semana

   a) _____

   b) _____

2. desayunar todas las mañanas

   a) _____

   b) _____

3. trabajar por la noche

a) _____

b) _____

4. tomar apuntes en las clases

a) _____

b) _____

5. navegar por la red / mandar mensajes electrónicos

a) _____

b) _____

2-15 Complete the following sentences with the appropriate form of an *–ar* verb from the box below.

desayunar	trabajar	comprar	tomar apuntes	cenar	llegar
estudiar	practicar	sacar	escuchar	hablar	regresar

1. Mis profesores siempre _____ temprano a clase.

2. Por las mañanas mis amigos y yo _____ en la cafetería, pero por las

noches casi siempre _____ en un restaurante.

3. Yo siempre _____ buenas notas en la clase de historia.

4. Mi compañera de cuarto (*roommate*) _____ por teléfono con su
mamá todos los días.

5. ¿Tú a veces _____ los libros por Internet?

Dicho y hecho: Cuaderno de actividades

Así se forma

4. Talking about actions in the present: Regular -er and -ir verbs; *hacer* and *salir*

2-16 What actions do you associate with the following places and things? There are several possible correct answers.

Modelo: la biblioteca <u>estudiar, leer</u>

1. la cafetería _____

2. la residencia estudiantil _____

3. la librería _____

4. las clases _____

5. el bolígrafo _____

6. el libro _____

7. la universidad _____

8. la impresora _____

9. los verbos, el vocabulario _____

10. una Pepsi _____

2-17 Where and when do you do the following? Use complete sentences.

Modelo: ¿Dónde (*where*) trabajas?
<u>Trabajo en la oficina del profesor Carballo.</u>

1. ¿Dónde vives?

_____

2. ¿Cuándo haces la tarea?

_____

3. ¿Qué materia (*subject*) comprendes mejor?

_____

4. ¿Dónde comes?

_____

5. ¿Cuándo sales con tus amigos? (**...con mis amigos...**)

_____

2-18 Do you and your friends do the following? Answer in complete sentences.

1. ¿Asisten ustedes a muchos conciertos?

_____

2. ¿Comen ustedes en restaurantes con frecuencia?

_____

3. ¿Beben ustedes cerveza (*beer*)?

_____

4. ¿Van ustedes al centro estudiantil con frecuencia?

_____

5. ¿Viven ustedes en las residencias estudiantiles de la universidad?

_____

Repaso general

2-19 Look at the following picture and describe the scene.
Tell:

- what time it is;
- how many students there are;
- what else you see (**Hay...**);
- what class you think it is;
- what students do in this class. Use your imagination!

   Palabra útil: calendario

_____

_____

_____

_____

_____

_____

_____

_____

2-20 Answer the questions with complete sentences.

1. ¿Cuáles (*What*) son tus clases favoritas?

   Mis...
   _____

2. ¿Qué cosas (*things*) hay en el aula de tu clase de español?

   _____

3. ¿Qué cosas hay en el laboratorio?

   _____

4. ¿Cuáles son tus lugares (*places*) favoritos en la universidad?

   _____

5. ¿Adónde vas los viernes por la noche?

   _____

6. ¿Qué haces normalmente entre semana (de lunes a viernes)? Menciona cuatro o cinco actividades.

   _____

2-21 On a separate piece of paper write a paragraph for your professor describing your activities on a typical Thursday this semester. Talk about the classes you attend and when they meet, what you usually do, where you go and how often you do those things or go to those places.

Check your answers with those given in the *Answer Key* and make all necessary corrections with a pen or pencil of a different color.

3 Así es mi familia

Así se dice

Así es mi familia

3-1 Complete the following descriptions.

1. La recién nacida (*newborn*) es la _____.

2. Mamá y papá son mis _____.

3. El otro (*other*) hijo de mis padres es mi _____.

4. El vehículo de la familia es el _____.

5. La hermana de mi padre es mi _____.

6. Él es el esposo y ella es la _____.

7. Un animal favorito de la familia es el _____.

8. La familia vive en una _____.

9. La madre de mi (*of my*) madre es mi _____.

10. Tienen un bebé. Él es el padre. Ella es la _____.

11. La hija de la hija de la abuela es la _____.

12. La hija de mi tío es mi _____.

Así se dice

La familia, los parientes y los amigos

3-2 Identify who these people are with relation to the people mentioned. The numbers next to the children´s names represent their age.

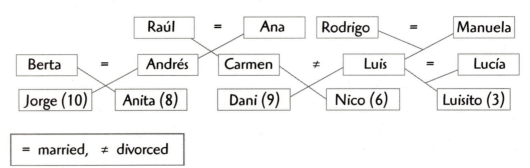

= married, ≠ divorced

Modelo: Raúl es el abuelo de <u>Jorge, Anita, Daniel, Nicolás y Luisito</u>.

1. Dani es el sobrino de _____.

2. Berta es la cuñada de _____.

3. Dani y Nico son los medio hermanos de _____.

4. Anita es prima de _____.

5. Lucía es la madrastra de _____.

6. Rodrigo es el suegro de _____.

3-3 Complete the following sentences with appropriate words from this section.

1. Mi madre es divorciada y ahora tiene otro esposo. Es mi

   _____.

2. Mi padrastro tiene un hijo y una hija de un matrimonio anterior. Son mis

   _____.

3. La esposa de mi hermano es mi _____.

4. El hijo de mi hermano es mi _____.

5. La abuela de mi madre es mi _____.

6. De todos mis amigos, Jaime es mi _____ amigo.

Así se forma

1. Indicating possession and telling age: The verb *tener* and *tener... años*

3-4 Tell how old the following people are. Spell out the numbers.

Modelo: Sandra *tiene veintiún años* .

1.  Su madre _____ .

2.  Su abuelo _____ .

3.  Su bisabuelo _____ .

4.  Sus hermanitos gemelos (*twins*) _____ .

3-5 Complete the following sentences with forms of the verb **tener** and writing out numbers to describe your family (you can make it up if you wish). Remember that we use the masculine plural to refer to both males and females.

1. Mi madre _____ _____ hermanos.

2. Mi padre _____ _____ hermanos.

3. Mis padres _____ _____ hijos.

4. Mis tíos maternos _____ _____ hijos entre todos (all together).

5. Mis tíos paternos _____ _____ hijos entre todos (all together).

6. Entonces, yo_____ _____ tíos y _____ primos.

7. Además, yo _____ _____ abuelos.

8. Nosotros _____ una familia de _____ personas (with ... people).

Así se dice

Relaciones personales

3-6 Write sentences by combining items from each column.

Hint: Don't forget to use the personal **a** before each item in column **C** to signal that the direct object of the verb is a person.

Columna A	Columna B	Columna C	Columna D
Los abuelos	amar	los abuelos	en ocasiones especiales
Los padres	besar y abrazar	los padres	con todo el corazón (heart)
Los nietos	visitar	los nietos	frecuentemente
Los tíos	cuidar	los tíos	cuando los padres van al trabajo
Los hijos	llamar	los hijos	¿...?

1. _____

2. _____

3. _____

4. _____

5. _____

3-7 Indicate where the following things are typically looked for. If the personal **a** is required, write it in the blank. If it is not required, put an **X** in the blank. Remember that **a + el = al**.

Modelo: Luisa busca __X__ los libros ☒ en la librería. ☐ en la cafetería.

1. Carmen busca _____ profesor ☐ en el gimnasio. ☐ en su oficina.

2. Los estudiantes buscan _____ el aula ☐ en el campus. ☐ en la tienda.

3. La abuela busca _____ su nieta de cinco años ☐ en la universidad. ☐ en el parque.

4. José busca _____ el cuaderno ☐ en su mochila. ☐ en el hospital.

Así se forma

2. Describing people and things: Descriptive adjectives

3-8 Describe the following people and things. Use adjectives with opposite meanings. Then indicate whether each new sentence is true (**Cierto**) or false (**Falso**).

Modelo: Mi padre no es gordo. _Es flaco o delgado._ ☒ **Cierto** ☐ **Falso**

1. Mis amigos no son feos. _____ ☐ **Cierto** ☐ **Falso**

2. No soy pobre. _____ ☐ **Cierto** ☐ **Falso**

3. La profesora no es tonta. _____ ☐ **Cierto** ☐ **Falso**

4. Mi hermana no es perezosa. _____ ☐ **Cierto** ☐ **Falso**

5. Mi madre no es baja. _____ ☐ **Cierto** ☐ **Falso**

6. Mis primos no son rubios. _____ ☐ **Cierto** ☐ **Falso**

7. Mis amigas no son débiles. _____ ☐ **Cierto** ☐ **Falso**

8. Mis amigos no son aburridos. _____ ☐ **Cierto** ☐ **Falso**

9. Mi médico no es antipático. _____ ☐ **Cierto** ☐ **Falso**

10. Mis profesores no son jóvenes. _____ ☐ **Cierto** ☐ **Falso**

11. Las aulas no son grandes. _____ ☐ **Cierto** ☐ **Falso**

12. Mis clases no son difíciles. _____ ☐ **Cierto** ☐ **Falso**

13. Mis profesores no son malos. _____ ☐ **Cierto** ☐ **Falso**

3-9 Describe these people using as many adjectives as possible. Be careful with adjective agreement!

Mi abuelo/a favorito/a se llama _____. Es _____

_____ .

Mi mejor amigo/a se llama _____. Es _____

_____ .

Yo me llamo _____. Soy _____

_____ .

Así se forma

3. Indicating Possession: Possessive adjectives and possession with *de*
A. Possessive adjectives

3-10 You and your friends are going to different places today. What does everyone have for each activity? Complete each sentence with a possessive adjective and some other thing each person has.

Modelo: Voy a clase de matemáticas. Tengo <u>mis</u> cuadernos y <u>mi calculadora</u> .

1. Ahora voy a clase de filosofía. Tengo _____ libro y _____ .

2. Alberto va a la clase de computación. Tiene _____ CD y _____ .

3. Linda va al gimnasio. Tiene _____ audífonos y _____ .

4. ¿Vas a la clase de música? ¿Tienes _____ violín y _____ ?

5. Vamos a la clase de español. Tenemos _____ plumas y _____ .

6. Oscar y Fernando van a la biblioteca. Tienen _____ tarjetas de estudiante (*student IDs*) y _____ .

Dicho y hecho: Cuaderno de actividades

Nombre _____ Fecha _____ Clase _____

3-11 Dani, the boy in the family tree in exercise 3-2, is answering some questions about his family. Complete them with appropriate possessive pronouns.

Modelo: ¿Es Andrés tu abuelo? <u>No, Andrés no es mi abuelo. Es mi tío</u>.

1. ¿Es Lucía la esposa de tu padre? _____

2. ¿Son Raúl y Ana los tíos de Anita? _____

3. ¿Son Jorge y Anita tus hermanos? _____

4. ¿Es Andrés su (de tus hermanos y tú) primo? _____

5. ¿Son Ana y Manuela sus (de tus hermanos y tú) tías? _____

6. ¿Es tu padre el hijo de Rodrigo y Manuela? _____

B. Possession with *de*

3-12 Write questions to ask who owns the following objects. Then answer the questions.
Hint: de + el = del.

Modelo: el video / Natalia <u>¿De quién es el video? Es de Natalia</u>.

1. los DVD / el profesor

_____

2. los discos compactos / la profesora

_____

3. el bolígrafo / Alberto

_____

4. los cuadernos / los estudiantes

_____

5. la casa / el rector (*president*) de la universidad

_____

Así se forma

4. Indicating location and describing conditions: The verb *estar*

A. Indicating location of people, places, and things

3-13 Tell where the following people are. Include the correct form of **estar** and a location.

Modelo: Mis amigos y yo <u>estamos en la Florida</u>.

1. Yo _____.

2. Mi mejor amigo/a _____.

3. Mis abuelos/primos _____.

4. Mi familia _____.

5. ¿Dónde _____ (tú)? ¿En _____?

3-14 Where are these people? Based on the clues, write where these people say they are.

Modelo: Yo/ los taxis, el tráfico <u>Estoy en la ciudad</u>.

1. Tú/ el sofá, el gato _____.

2. Nadia/ los animales _____.

3. Nosotros/ el mar *(sea)* _____.

4. Pablo e Irene/ la pizarra _____.

5. Yo/ las computadoras _____.

6. Tú y tus amigos/ los esquíes *(skis)* _____.

B. Describing conditions

3-15 Use a form of estar to indicate how the following people feel.

Modelo: Anita recibe un cheque de $500. <u>Está contenta.</u>

1. Camila y Natalia pasaron (*spent*) toda la noche estudiando en la biblioteca.

   _____

2. Hay un examen muy importante y muy difícil en la clase de cálculo.

   <u>Los estudiantes</u> _____

3. Hay muchos, muchos errores en los exámenes de los estudiantes.

   <u>¡La profesora</u> _____

4. Los estudiantes no están contentos hoy. Las notas de los exámenes son malas.

   _____

5. La voz del profesor de historia es muy monótona.

   <u>Los estudiantes</u> _____

6. Los estudiantes tienen clases por la mañana, actividades y clases por la tarde, y trabajo y tarea por la noche.

   _____

7. Simón va al hospital en una ambulancia.

   _____

3-16 Anita, Lidia, Elena, and Pablo are friends who send each other lots of e-mails. Read Lidia's message and then describe the people involved in the story.

Hint: *Keep in mind the uses of **ser** vs. **estar**.*

De: Lidia@ole.com
Para: Anita@ole.com, Elena@ole.com, Pablo@ole.com
CC:
Asunto: Mi amiga Adelina

Anita, Elena y Pablo:
¡Saludos! Estoy tan contenta. ¡Mi amiga Adelina llega mañana a las dos de la tarde! Es mexicana, pero vive en Tucson porque es estudiante de la Universidad de Arizona. Tiene una semana de vacaciones y ahora está en Washington. ¡Es muy simpática y muy divertida! Mañana por la noche vamos a cenar en un restaurante. Si (*If*) no están ocupados, ¿quieren cenar con nosotras? Los invito.

Abrazos,
Lidia

---

ser

1. (origen) Adelina _____

2. (identidad) Adelina _____

3. (características) Adelina _____

estar

4. (lugar) Ahora, Adelina _____

5. (condición) Lidia _____

6. (condición) Los amigos de Lidia posiblemente _____

3-17 Complete the sentences about Anita with forms of **ser** or **estar** as appropriate.

1. Anita _____ en la universidad.

2. _____ de México.

3. El padre de Anita _____ contador y su madre _____ abogada.

4. Los padres de Anita _____ en Los Ángeles.

5. Anita _____ muy amable.

6. _____ estudiante de medicina.

7. _____ alta y morena.

8. Hoy, Anita _____ cansada.

9. Estudia mucho. No _____ perezosa.

10. _____ preocupada porque tiene un examen importante mañana.

3-18 Read the advertisement and answer the questions.

Reading hints: *Remember that when reading, you do not need to understand the meaning of every word. Find the words that you recognize and try to guess the meaning of other words by context.*

**"No está mal...
para tener 22 años."**

Soy enfermera. Gano un buen salario y estoy contenta conmigo misma. Mi profesión ha hecho mi vida muy emocionante. No está mal para tener 22 años. ¡Me encanta ser enfermera!

Llama al **1-800-962-6877** para recibir más información sobre las oportunidades, buenos salarios, programas de estudio de 2 ó 4 años y las diferentes opciones de trabajo que te ofrece la carrera de Enfermería.

1. ¿Puedes adivinar (*Can you guess*) lo que significan las siguientes expresiones y palabras en inglés?

español	inglés
gano un buen salario =	_____
estoy contenta conmigo misma =	_____
¡Me encanta ser enfermera! =	_____
oportunidades =	_____
opciones =	_____

2. ¿Cuántos años tiene la señorita?

_____

3. ¿Cuál es su profesión? ¿Son los salarios buenos o malos?

_____

4. ¿Cómo está ella?

_____

5. ¿Cómo es su vida? ¿Aburrida o emocionante?

_____

6. ¿De cuántos años son los programas de estudio?

_____

Repaso general

3-19 Describe the couple in the photograph.

Answer the following questions:

- ¿Quiénes son?
- ¿Cómo es él? ¿Y ella? (años, personalidad, características personales, etc.)
- ¿Cómo está él en este momento (probablemente)? ¿Y ella?
- ¿Dónde están ellos en este momento (probablemente)?

_____

_____

_____

_____

_____

_____

_____

_____

Hint: _After you complete your work, check for the correct usage of **ser** and **estar**. Also check for the correct agreement of the adjectives and nouns._

3-20 Use complete sentences to answer the following questions.

1. ¿Cuántos años tienes?

   _____

2. ¿Cuántos años tiene tu madre/padre? ¿Y tu abuelo/a?

   _____

3. ¿Tienes hermanos o hermanas? ¿Cuántos años tienen?

   _____

4. ¿Cómo es tu madre/padre/esposo/esposa/novio/novia?

   _____

5. ¿Dónde estás ahora (*now*)?

   _____

6. ¿Está tu universidad en el campo, en la ciudad o en las montañas?

   _____

7. ¿Cómo son los estudiantes de la clase de español?

   _____

8. En este (*this*) momento, ¿cómo estás?

   _____

3-21 On a separate piece of paper, write a paragraph describing a relative that is particularly interesting or special to you. Include as many details as possible: name, age, personality traits, occupation, where he/she is now, etc.

Check your answers with those given in the *Answer Key* and make all necessary corrections with a pen or pencil of a different color.

4 ¡A la mesa!

Así se dice

¡A la mesa!

4-1 Identify the fruits described below. Fill in the blanks with the appropriate vocabulary words. Include the appropriate definite article *(el/la/los/las)*.

1. Una fruta cítrica, producida en Florida. la Naranja

2. Una fruta redonda y pequeña que asociamos con George Washington.
   las Manzanas

3. Una fruta muy grande que asociamos con los picnics. la Sandia

4. Las viñas *(vineyards)* del Valle de Napa producen esta fruta para hacer vino.
   las Uvas

5. La fruta que usamos para hacer limonada. los limones

6. Un sabor de helado *(ice cream flavor)* popular es de esta pequeña fruta roja.
   las Fresas

7. Con esta fruta se hace un pastel *(pie)* muy típico de Estados Unidos. la Manzanas

8. "Chiquita" es una marca *(brand)* famosa de esta fruta amarilla. El platano

9. La fruta oficial del estado de Georgia. El Durazno

10. Una fruta tropical típica de Hawái. la piña

4-2 You are organizing a dinner menu for the coming week. Make it more specific by indicating at least four foods you would include in each meal. Try to come up with varied and creative meals!

Modelo: El lunes: sopa de verduras y carne
Sopa de patatas, tomates, judías verdes y zanahorias;
chuletas de cerdo con piña

1. El martes: hamburguesas y ensalada

_____

2. El miércoles: verduras y pescado

_____

3. El jueves: pasta y ensalada

_____

4. El viernes: verduras y carne

_____

5. El sábado (cena especial para mi mejor amigo/a): ensalada, mariscos y postre _(dessert)_

_____

4-3 Read the following article and study the illustration below. Then answer the questions.

Actividad física diaria

Frutas

Aceites

Leche

Carne y frijoles

Granos

Verduras

¿Qué comidas debe consumir Ud. diariamente para conservar la salud? Fíjese en esta pirámide dividida en segmentos verticales. Cada segmento representa un grupo de comida diferente (granos, verduras, frutas, etc.). Una dieta equilibrada consiste en consumir comidas de cada grupo todos los días y en las proporciones que indica la pirámide.

Por ejemplo, debe comer bastantes granos, especialmente los integrales *(whole)*, así como verduras y frutas variadas. La mayor cantidad de proteínas debe venir del grupo de la leche, que además aporta calcio, y de las proteínas de origen animal, que deben ser bajas en grasa *(fat)*. Las grasas también están presentes en la pirámide porque son necesarias para la salud, aunque son recomendables las de origen vegetal. Un nuevo aspecto de la pirámide es la inclusión de la actividad física. Debemos hacer ejercicio al menos *(at least)* 3 veces por semana.

Si sigue este régimen de nutrición y realiza actividad física, Ud. tendrá salud y energía como para correr un maratón.

1. Seis palabras del artículo que son muy similares al inglés son:

_____

2. Estudia la pirámide. ¿Qué significan en inglés las siguientes palabras?

granos _____ aceites _____ leche _____

3. ¿De qué grupos en la pirámide se obtienen los carbohidratos?, ¿las fibras?, ¿las proteínas?

_____

4. ¿Son las grasas recomendables? ¿Qué tipo de grasas?

_____

5. ¿Qué nuevo elemento incluye esta pirámide?

_____

Así se forma

1. Expressing likes and dislikes: The verb *gustar*

4-4 Anita and Lidia are grocery shopping. Complete their conversation with the appropriate form of *gustar*.

Anita: Esta noche voy a hacer paella porque me _____ el arroz y también me _____ mucho los camarones. ¿A ti te _____ la paella?

Lidia: No, no me _____. Bueno, es que yo soy vegetariana y no me _____ los mariscos ni las carnes.

Anita: Entonces puedo hacer una versión vegetariana para ti. ¿Te _____ las judías verdes y las alcachofas (*artichokes*)?

Lidia: Sí, gracias. Pues yo compro el postre, a todos les _____ el sorbete de fruta, ¿verdad?

4-5 Combine the following words to tell what you and your family like and do not like to eat. For number 5, complete with something you all like.

Modelo: yo / jamón <u>A mí (no) me gusta el jamón.</u>

1. mis hermanos / chuletas de cerdo

   _____

2. mi mamá / pollo

   _____

3. yo / frutas

   _____

4. mi papá / papas con carne de res

   _____

5. A todos nosotros . . .

   _____

Así se forma

2. Talking about actions, desires and preferences in the present: Stem-changing verbs

4-6 Complete each question by selecting the appropriate verb from the box and filling in the blank. Then answer the questions.

| Almuerzas | Duermes | Entiendes | Puedes | Prefieres | Sirven |

1. ¿_Prefieres_____ la clase de español o la clase de matemáticas?

   _____

2. ¿_____ ocho horas todas las noches?

   _____

3. ¿_____ estudiar toda la noche sin dormir?

   _____

4. ¿_____ al mediodía?

   _____

5. ¿_____ platos vegetarianos en la cafetería?

   _____

6. ¿_____ todo lo que *(all that)* dice *(says)* tu profesor/a de español?

   _____

4-7 Use the cues provided to write questions to ask two of your friends. Use the **ustedes** form in the questions. Then answer the questions as you think they would.

Modelo: normalmente, / cuántas horas / dormir / todas las noches

—Normalmente, ¿cuántas horas duermen todas las noches?

—Dormimos siete horas.

1. dónde / almorzar / normalmente

   _____

   _____

2. en los restaurantes / qué comida / pedir / con frecuencia

   _____

   _____

3. qué bebidas / preferir

   _____

   _____

4. adónde / querer ir / esta noche

   _____

   _____

5. cuándo / poder salir

   _____

   _____

Así se dice

Las comidas y las bebidas

4-8 Write the word that corresponds to the definition.

1. La comida principal de la mañana es el _____.

2. La comida principal del mediodía es el _____.

3. La comida principal de la noche es la _____.

4. La combinación de tomate, lechuga y cebollas normalmente es una

   _____.

5. En la ensalada usamos aceite y _____.

6. Frecuentemente comemos hamburguesas con papas

_____.

7. Los huevos necesitan sal y _____.

8. El pan tostado necesita mantequilla y _____.

9. Tomamos el café con crema y _____.

10. En una comida elegante muchas personas beben _____.

11. El té con hielo no es caliente. Es _____.

12. La leche, el café y el jugo son _____.

13. El helado, la torta y el pastel son _____.

4-9 Think about someone you know well (a good friend, relative, etc.) and write his/her name on the line below. Then list some of his/her favorite foods and beverages. After that, list some of the foods and beverages you like for each meal. Finish by commenting on some foods that you both like/ do not like. Use the verb *gustar*.

Nombre: _____

Comidas favoritas: _____

Bebidas favoritas: _____

1. Mi desayuno favorito

para comer: _____

para beber: _____

2. Mi almuerzo favorito

para comer: _____

para beber: _____

3. Mi cena favorita

para comer: _____

para beber: _____

4. A _____ y a mí nos _____

_____ .

4-10 The ice-cream parlor Coromoto in Mérida, Venezuela, offers more than 800 flavors from which to choose. Look at the flavors and then answer the questions.

Sabores de fruta	Sabores de legumbres, mariscos y más	Otros sabores deliciosos
choco-naranja	ajo	caramelo
fresa-coco	arroz con coco	choco-menta
fresa con naranja	arroz con queso	choco-café
manzana	camarones al vino	granola
melón	espárragos	ron-coco
naranja-piña	espinacas	siete cereales
pera	mango con arroz	soya
piña-coco	tomate	tutti frutti
piña colada	zanahoria con melón	
uva	zanahoria con naranja	

1. De los **sabores de fruta**, ¿cuáles prefieres? Escoge (*Choose*) dos.

_____ y _____ .

2. ¿Qué **sabores de legumbres, mariscos y más** quieres probar (*taste*)?

_____ y _____ .

3. De toda la lista, ¿qué sabores **no** quieres probar?

_____ y _____ .

4. De toda la lista, ¿cuáles son tus dos sabores favoritos?

_____ y _____ .

Así se forma

3. Counting from 100 and indicating the year

4-11 Imagine that you are in *El supermercado Más por Menos* in Alajuela, Costa Rica and you are considering the specials. Indicate how much (in Costa Rican **colones**) you have to pay for each selection you make.

Queso San Carlos
₡ 2,295 kg

Pan integral Chorotega
₡ 1,163

Refrescos La casera
₡ 1,560 2 litros

Cereales Coco-Rico
₡ 1,885 430 g

Arroz Guanacaste
₡ 689 kg

Pizzas frescas Buitoni
₡ 3,250

Carnicería/Mariscos
Pechuga de pollo ₡ 3,047 kg
Chuletas de cerdo ₡ 3,650 kg
Chorizo ₡ 4,420 kg
Corvina ₡ 6,325 kg
Camarones ₡ 7,350 kg

Frutas
Plátanos ₡ 390 kg
Naranjas ₡ 902 kg

Productos congelados
Brócoli ₡ 587 500 g
Fresas ₡ 708 500 g

Modelo: Quieres comprar un kilo de queso y un pan Chorotega.

<u>3,458 tres mil cuatrocientos cincuenta y ocho colones</u>

1. Quieres comprar una pizza Buitoni y una botella de refresco La casera de 2 litros.

_____ colones

2. Quieres comprar un kilo de chuletas de cerdo y 500 gramos de brócoli congelado.

_____ colones

3. Quieres comprar un kilo de pechugas de pollo y un kilo de naranjas.

_____ colones

4. Quieres comprar un kilo de chorizo y un kilo de arroz.

_____ colones

5. Quieres comprar dos kilos de plátanos y un cereal Coco-Rico.

_____ _colones_

6. Para un plato especial que vas a preparar, necesitas un kilo de corvina (tipo de pescado), un kilo de camarones y un kilo de arroz.

_____ _colones_

Así se forma

4. Asking for specific information: Interrogative words (A summary)

4-12 Combine the appropriate interrogative word from column **A** with the corresponding information from column **B**. Write the complete question in the space provided.

A	B
1. ¿Cuándo...	de los postres deseas?
2. ¿Dónde...	es esa _(that)_ mujer?
3. ¿Qué...	preparan el pescado, frito o al horno?
4. ¿Quién...	cuesta la cena?
5. ¿Cómo...	tipo de comida sirven?
6. ¿Cuál...	vas a cenar, ahora o más tarde?
7. ¿Cuánto...	está el restaurante?

1. ¿Cuándo _____

2. _____

3. _____

4. _____

5. _____

6. _____

7. _____

4-13 Write a conversation that takes place between Antonio and Julia. He asks the questions and she answers them. Use the interrogative words in the box.

¿adónde?   ¿cómo?   ¿cuál?   ¿cuándo?   ¿cuántos/as?   ¿dónde?

Modelo: ir / esta tarde

ANTONIO: _¿Adónde vas esta tarde?_

JULIA: _Voy a la biblioteca._

1. estar / hoy

ANTONIO: _____

JULIA: _____

2. vivir / ahora

ANTONIO: _____

JULIA: _____

3. hermanos o hermanas / tener

ANTONIO: _____

JULIA: _____

4. ser / tu comida favorita

ANTONIO: _____

JULIA: _____

5. poder / ir al cine conmigo (with me)

ANTONIO: _____

JULIA: _____

Repaso general

4-14 Answer the following questions with complete sentences.

1. ¿Cuál es tu postre favorito?

   _____

2. Cuando tienes hambre y es la hora de la cena, ¿qué comes?

   _____

3. ¿Adónde te gusta ir los fines de semana?

   _____

4. ¿Qué quieren hacer tú y tus amigos este fin de semana?

   _____

5. ¿Qué restaurantes prefieren ustedes?

   _____

6. ¿Qué comidas y bebidas piden normalmente?

   _____

   _____

4-15 Write, on a separate piece of paper, a paragraph describing your favorite place to eat and some of the things you can eat there. Include as many details as possible about the place, people there, specific dishes, price, etc.

Check your answers with those given in the *Answer Key* and make all necessary corrections with a pen or pencil of a different color.

CAPÍTULO

5 Recreaciones y pasatiempos

Así se dice

Recreaciones y pasatiempos

5-1 Answer the following questions with vocabulary from this section.

1. ¿Qué hacemos con la guitarra? _____

2. ¿Qué hacemos con los esquís? _____

3. ¿Qué es lo opuesto de ganar? _____

4. ¿Qué es mover el cuerpo (*body*) por el agua? _____

5. ¿Qué son las rosas y los tulipanes? _____

6. ¿Qué necesitas para jugar al voleibol, básquetbol y otros deportes? _____

7. ¿Qué juegan dos personas con raquetas y una pelota? _____

8. ¿Qué cae de (*falls from*) los árboles en octubre? _____

9. ¿Qué hacemos cuando estamos muy cansados? _____

10. ¿Qué es caminar muy rápido (*fast*)? _____

11. ¿Qué hacen artistas como Picasso y Frida Kahlo? _____

12. ¿Qué es producir música con la voz? _____

Así se dice

5-2 Your friends are having a picnic in the park. Indicate the color of each food item. Be sure that your color adjectives agree with the nouns you are describing.

1. Las bananas son _____.

2. Las fresas y las cerezas son _____.

3. La lechuga es _____.

4. Las zanahorias son _____.

5. Las cebollas en la ensalada son _____ o _____.

6. Los arándanos (*blueberries*) son _____.

7. El chocolate es _____.

8. La leche es _____.

5-3 Indicate what colors you associate to the following.

1. Esta Universidad. _____

2. El dinero (*money*). _____

3. El directorio telefónico. _____

4. Los camiones (*tracks*) de UPS. _____

5. La pasión. _____

6. Las bebés niñas. _____

7. Los bebés niños. _____

8. Los EE.UU. _____

9. La muerte (*death*). _____

Así se dice

Más actividades y deportes

5-4 Indicate what the following people want to do according to their circumstance. Select activities from the box.

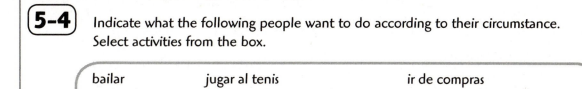

bailar	jugar al tenis	ir de compras
manejar	ver el partido en la tele	limpiar el apartamento

Modelo: Javier tiene una raqueta nueva.

Quiere jugar al tenis.

1. Linda necesita comprar un suéter nuevo y *jeans*.

   _____

2. A Camila le gusta mantener el apartamento muy ordernado (*tidy*) y hoy llegan sus padres.

   _____

3. El equipo de fútbol favorito de Manuel juega hoy.

   _____

4. Inés y Octavio quieren ir a la disco esta noche.

   _____

5. Carmen tiene un coche nuevo.

   _____

Read the following web page and then answer the questions.

Reading hint: *Try to understand the meaning of key words by their context. Remember that you do not have to understand every word to comprehend the main idea.*

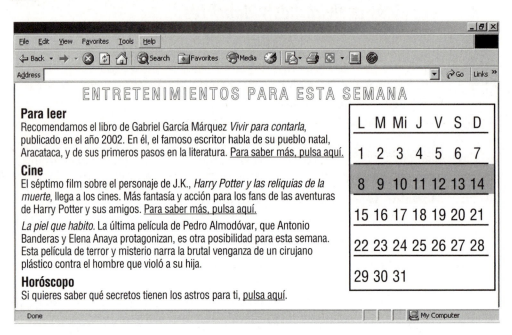

1. ¿Cómo se llama el libro del escritor colombiano Gabriel García Márquez?

   _____

2. En la frase: "sus primeros pasos en la literatura", ¿cuál es el equivalente en inglés de la palabra **pasos**?

   pasos = _____

3. En la frase: "El séptimo film sobre el personaje de J.K.", ¿cuál es el equivalente en inglés de la palabra **personaje**?

   personaje = _____

4. ¿Qué características tiene el séptimo film de Harry Potter?

   _____

5. En la frase: "La película que Antonio Banderas y Elena Anaya protagonizan", ¿cuáles son los equivalentes en inglés de la palabra **película** y del verbo **protagonizan**?

   película = _____   protagonizan = _____

6. ¿Te gusta leer tu horóscopo? ¿Cuál es tu signo del zodíaco?

   _____

Dicho y hecho: Cuaderno de actividades

Así se forma

1. Talking about activities in the present: Additional *yo*-irregular verbs

A. *Saber* and *conocer*

5-6 Select the correct option for the following sentences.

1. ¿Conoces/Sabes a ese chico?

2. Sí, está en mi clase de Historia, pero no conozco/sé su nombre.

3. Es muy guapo. ¿Conoces/Sabes dónde vive?

4. No, pero conozco/sé a sus amigos. Todos conocen/saben tocar instrumentos y están en la banda de jazz de la universidad.

5. ¡Un músico! Yo no conozco/sé a ningún músico, pero conozco/sé que generalmente son muy interesantes...

5-7 Write sentences with the words provided and the correct form of **saber** or **conocer**.

Modelo: mis amigos / la ciudad
_Mis amigos conocen la ciudad._____

(ellos) / cuáles son las mejores discotecas
_Saben cuáles son las mejores discotecas._____

1. (yo) / a María Luisa

   _____

2. (yo) / su número de teléfono

   _____

3. ¿(tú) / dónde vive ella?

   _____

4. ¿(tú) / bien esa (*that*) parte de la ciudad?

   _____

5. María Luisa / tocar el piano muy bien

_____

6. ¿(ustedes) / tocar algún instrumento musical?

_____

B. Additional verbs with an irregular *yo* form

5-8 Tell what you do on weekends and Mondays. Then indicate whether your best friend does the same activities.

Modelo: Los fines de semana... ir a mi casa

Voy a mi casa. Ella no va a su casa.

Los fines de semana...

	Yo	Él/Ella
1. hacer ejercicio en el gimnasio		
2. dar un paseo por el parque		
3. salir con mis amigos		
4. ver DVD (devedés)		
5. oír música en vivo (un concierto)		

Los lunes...

	Yo	Él/Ella
1. venir a clase bien preparado/a		
2. traer todos los libros a clase		
3. poner los libros en la mochila		
4. decir "hola" al entrar en la clase		
5. tener mucha tarea		

5-9 Create complete sentences with the words given. You will need to add some words and write the correct forms of the verbs.

1. Compañeros de clase/ oír/ ejercicios de español/ laboratorio.

   _____

2. Yo/ también/ venir/ laboratorio/ y/ traer/ auriculares. / Hacer/ tarea de español/ y/ oír/ música/ en español.

   _____

3. Muchas páginas web/ tener/ videos. A veces/ también/ ver/ videos/ en español/ laboratorio.

   _____

Así se dice

Preferencias, obligaciones e intenciones

5-10 Read Pablo's e-mail to Elena. Then write about his obligations, preferences, and intentions.

De: Pablo@ole.com
Para: Elena@ole.com
CC:
Asunto: fin de semana

Elena, según lo que me dices, vas a tener un fin de semana muy interesante. ¿Y yo? Pues, voy a hacer investigación para mi trabajo escrito, trabajar el sábado por la tarde, ir al supermercado y... mi apartamento está sucio°. Pero, también quiero jugar al tenis con Javier, ir al cine o a una fiesta con algunos de mis amigos y... descansar. Necesitamos fines de semana de tres días, ¿verdad?

Tu amigo,
Pablo

---

dirty

Pablo tiene que...

1. _____ .

2. _____ .

3. _____ .

4. _____ .

Tiene ganas de...

5. _____ .

6. _____ .

7. _____ .

5-11 Answer the following questions with complete sentences.

1. ¿Qué **piensas** hacer hoy?

   _____

2. ¿Qué **tienes que** hacer esta noche?

   _____

3. ¿Qué **debes** hacer mañana?

   _____

4. ¿Qué **tienes ganas de** hacer este fin de semana?

   _____

Así se forma

2. Making future plans: *Ir* + *a* + infinitive

5-12 Tell what the following people are going to do according to the situation. Choose the appropriate activity from the box.

| estudiar en la biblioteca | cenar en un restaurante | hacer ejercicio en el |
| descansar | ir a una discoteca | gimnasio |

Modelo: Carlos tiene un examen mañana.

   Va a estudiar en la biblioteca.

1. Tenemos mucha hambre y no queremos preparar comida en nuestro apartamento.

   _____

2. Tomás no quiere salir esta noche. Está muy cansado.

   _____

3. Elsa y Tina quieren bailar.

   _____

4. Estoy en mala forma (*out of shape*).

   _____

5-13 Write a short paragraph explaining what you are going to do today after you finish your Spanish homework. Write at least five activities.

_____

_____

_____

_____

_____

_____

_____

Así se dice

El tiempo y las estaciones

5-14 What is the weather like?

1. Es invierno en Alaska. _____ Hace _____ _____.

2. Es verano y estamos en la Florida. _____ _____.

3. Es primavera. Es un día perfecto. _____

   _____ _____.

4. Es un día feo. _____ _____

   _____.

5. Es otoño. No hace mucho calor y no hace mucho frío.

   _____ _____.

6. No podemos ver el sol hoy. _____ _____.

7. Necesitamos los paraguas (*umbrellas*). Está _____

   hoy. _____ mucho aquí. No me gusta la

   _____.

8. Estamos visitando Montana en invierno y está nevando. ¡Nos gusta mucho la

   _____!

9. Estamos en la playa. Los barcos de vela (*sailboats*) avanzan muy rápido.

   _____ mucho _____.

10. La temperatura hoy es de 40 °C. Yo _____ _____ _____.

5-15 You are talking on the phone with your friend Renato from Buenos Aires.
It's summer where you live and winter where he lives. Write your conversation
following the clues.

1. Ask him what the weather is like in Buenos Aires.

   _____

2. He answers that it's very cold, and that he's cold because his apartment has no heat
   (**calefacción**).

   _____

   _____

3. Tell him that it's hot here, and that you're hot because your apartment has no air
   conditioning (**aire acondicionado**).

   _____

   _____

Así se forma

3. Emphasizing that an action is in progress: The present progressive

5-16 Your friends are at the beach. Tell what they are doing *right* now.

1. _____

2. _____

3. _____

4. _____

5. _____

6. _____

5-17 Complete the following sentences describing what these people are probably doing now.

1. Mis abuelos _____.

2. Mi padre_____.

3. El profesor de _____.

4. Mi mejor amigo/a _____.

5. Todos los estudiantes (nosotros) _____.

6. Yo _____.

7. Y tú, ¿qué _____?

Así se forma

4. Describing people, places, and things: *Ser* and *estar* (A summary)

5-18 Select the appropriate verb for each sentence, note that the verb is followed by an adjective.

1. Admiro mucho a Mirta. Es/está muy honesta.

2. Mis hermanos son/están tristes, pero yo no.

3. Los estudiantes de mi clase son/están muy inteligentes.

4. Pedro es/está muy serio, pero normalmente es muy cómico.

5. Pedro es/está muy serio, no tiene sentido del humor.

6. Mis primos son/están aburridísimos, no me gusta nada ir a visitarlos.

7. Mis primos son/están aburridísimos. No tienen su computadora ni sus videojuegos.

8. Eres/Estás muy alegre, ¿tienes buenas noticias?

9. Eres/Estás muy alegre, ¿nunca tienes un mal día?

5-19 Complete the following sentences with the appropriate forms of **ser** and **estar**. Give reasons for your choices in English, selecting from the list of **razones** provided.

> **Razones**
> location   origin
> condition   characteristics/qualities
> action in progress   identity (who/what)

1. Juan _____ de Argentina.

   Razón: _____

2. _____ alto y simpático.

   Razón: _____

3. Ahora _____ en Montevideo con sus amigos.

   Razón: _____

4. Él y sus amigos _____ jugando al fútbol.

   Razón: _____

5. _____ contento porque no tiene que pensar en la universidad.

   Razón: _____

6. _____ estudiante de arquitectura y generalmente tiene mucho trabajo.

   Razón: _____

Repaso general

5-20 Answer with complete sentences.

1. ¿Qué tiempo hace hoy?

   _____

2. En la clase de español, ¿a quién conoces muy bien?

   _____

3. ¿Qué sabes hacer muy bien? (talentos especiales)

   _____

4. ¿Qué tienes que hacer todos los lunes?

   _____

5. ¿Qué tienen ganas de hacer tú y tus amigos los viernes por la noche?

   _____

6. Imagina que es sábado por la noche. Probablemente, ¿qué están haciendo tus amigos?

   _____

7. ¿Qué vas a hacer este fin de semana?

   _____

5-21 Think about a person you know well. Using your imagination and what you know about she/he, on a separate piece of paper, write a paragraph describing:

- where this person is and what the weather is like there
- what she/he has to do today, what she/he is doing right now and what they feel like doing
- what she/he is going to do later
- how she/he is feeling and why.

> Check your answers with those given in the *Answer Key* and make all necessary corrections with a pen or pencil of a different color.

6 La vida diaria

Así se dice

La vida diaria

6-1 ¿A qué se refieren estas descripciones?

Modelo: Lo que se usa para secarse. <u>la toalla</u>

1. Irse a la cama al final del día. _____

2. El objeto que se usa para peinarse. _____

3. Ponerse la ropa y los zapatos. _____

4. Lo que hace el despertador o el teléfono. _____

5. Salir de la cama por la mañana. _____

6. Ir a una fiesta, bailar, escuchar música, pasarlo bien. _____

7. Descansar, leer, mirar la televisión. _____

8. Lavarse sentado y sumergido en agua. _____

9. Lo contrario de ponerse la ropa. _____

10. Lo contrario de despertarse. _____

11. Lo que se usa para cortarse el pelo o las uñas. _____

12. Muchas personas necesitan un despertador para esto. _____

13. Se usa jabón y agua para hacer esto. _____

14. Quitar el agua del cuerpo (*body*), cara o pelo con la toalla o un secador. _____

15. Quitarse el pelo de la cara, etc. con una rasuradora. _____

6-2 Lee el anuncio (*ad*) de la página WB 69 sobre Speed Stick™ y responde a las preguntas sobre cada sección.

¿Sabes por cuánto tiempo funciona tu desodorante?

1. Lee la primera parte del anuncio. Por el contexto, ¿puedes adivinar (*can you guess*) lo que significan en inglés las siguientes palabras?

   funciona = _____

   desvanecerse = _____

2. Según el anuncio, ¿cuándo empieza (*begins*) a desvanecerse el efecto de muchos desodorantes?

   _____

¿Sabías que el estrés emocional provoca tanta transpiración como el ejercicio físico?

3. Lee la segunda parte del anuncio. Por el contexto, ¿puedes adivinar lo que significan en inglés las siguientes palabras?

   transpiración = _____

   caminata = _____

   presión = _____

   abdominales = _____

4. Según el anuncio, ¿cuáles son dos cosas emocionales que provocan la transpiración? ¿Y dos actividades físicas?

   _____

Ahora sí: protección de verdad por más de 24 horas.

5. ¿Cuánta protección da el nuevo *Speed Stick*?

   _____

6. ¿Qué marca de desodorante usas tú?

   _____

Fue superado el record en protección desodorante.

Nuevo Speed Stick de Mennen es el campeón.

¿Sabes por cuánto tiempo funciona tu desodorante?

Es verdad: algunos funcionan por más tiempo... otros por menos. Todos empiezan muy bien... por lo menos los primeros cincuenta o sesenta minutos. Pero el efecto desodorante de muchos productos empieza a desvanecerse a las cuatro o cinco horas y hay algunos productos que han dejado de funcionar casi por completo antes de seis horas. Y esto sucede aun cuando las personas están sometidas a un ritmo de trabajo y de presión normal.

¿Sabías que el estrés emocional provoca tanta transpiración como el ejercicio físico?

Los expertos lo han comprobado. La presión en el trabajo, la emoción del éxito, la tensión antes de revelarse los resultados... todo esto produce tanta transpiración, como una intensa caminata o una centena de abdominales: Y resulta que, cuando empieza tu día, no sabes exactamente cuáles son los desafíos físicos y emocionales a los que te enfrentarás. Por eso, necesitas un desodorante en el que puedas confiar... sin importar cómo sea tu día.

Ahora sí: protección de verdad por más de 24 horas.

Recientemente, Speed Stick lanzó al mercado una nueva fórmula en su línea de productos, que rompió el record de duración en protección desodorante. Esta fórmula, que la compañía fabricante Mennen ha llamado de "Ultra Protección", se mantiene en un nivel superior al 70% de efectividad después de 24 horas de aplicación, comprobado. El éxito de la fórmula se debe a una tecnología exclusiva, desarrollada por Mennen, que fue probada extensivamente en una enorme variedad de situaciones y contra la gama más amplia de competidores a nivel mundial.

Así se forma

1. Reflexive verbs: Talking about daily routines

6-3 Primero, escribe oraciones completas. Después, decide con qué frecuencia hacen esas acciones estas personas.

1. Inés / maquillarse _____

☐ Todas las mañanas ☐ Todas las noches ☐ Una vez por semana ☐ Los fines de semana

2. Octavio / afeitarse _____

☐ Todas las mañanas ☐ Todas las noches ☐ Una vez por semana ☐ Los fines de semana

3. Linda y Manuel / bailar _____

☐ Todas las mañanas ☐ Todas las noches ☐ Una vez por semana ☐ Los fines de semana

4. Las chicas / quitarse el maquillaje _____

☐ Todas las mañanas ☐ Todas las noches ☐ Una vez por semana ☐ Los fines de semana

5. Yo / ducharse _____

☐ Todas las mañanas ☐ Todas las noches ☐ Una vez por semana ☐ Los fines de semana

6. Nosotros / peinarse _____

☐ Todas las mañanas ☐ Todas las noches ☐ Una vez por semana ☐ Los fines de semana

7. Camila / lavar la ropa _____

☐ Todas las mañanas ☐ Todas las noches ☐ Una vez por semana ☐ Los fines de semana

8. Ana y Lupe / ponerse los pijamas _____

☐ Todas las mañanas ☐ Todas las noches ☐ Una vez por semana ☐ Los fines de semana

9. Mi hermano / limpiar su casa _____

☐ Todas las mañanas ☐ Todas las noches ☐ Una vez por semana ☐ Los fines de semana

10. Yo / acostarse muy tarde _____

☐ Todas las mañanas ☐ Todas las noches ☐ Una vez por semana ☐ Los fines de semana

6-4 Es lunes por la mañana. Responde a las siguientes preguntas con oraciones completas.

1. ¿A qué hora te levantaste hoy?

   _____

2. ¿Te despiertas solo/a (*on your own*) o con un despertador?

   _____

3. ¿Qué haces después de levantarte y antes de salir de casa? Menciona todas tus actividades en orden cronológico.

   _____

4. ¿A qué hora puedes relajarte?

   _____

5. ¿Tienes tiempo para divertirte? ¿Qué haces?

   _____

6. ¿A qué hora te acuestas normalmente? ¿Te duermes fácilmente?

   _____

6-5 Completa las siguientes oraciones con la forma correcta de los adverbios. Después, indica si estas afirmaciones son ciertas o falsas para ti.

Modelo: <u>Generalmente</u> (*general*) trabajo con la computadora por la tarde.

1. Mando mensajes electrónicos _____ (*frecuente*).

   ☐ Cierto   ☐ Falso

2. Encuentro (*I find*) información en la red _____ (*fácil*).

   ☐ Cierto   ☐ Falso

3. Respondo a los mensajes electrónicos _____ (*rápido*).

   ☐ Cierto   ☐ Falso

4. Reviso (*I check*) mis mensajes electrónicos _____ (constante).

☐ Cierto ☐ Falso

5. _____ (*usual*) chateo con mis amigos por la noche.

☐ Cierto ☐ Falso

¿Eres "cibernauta"? ☐ Sí ☐ No

Así se forma

2. Talking about each other: Reciprocal constructions

6-6 Escoge el pronombre adecuado para cada oración. En las oraciones 2 y 3, decide si en EE.UU. hacen estas cosas o no, subrayando **también** o **no**.

1. En los países hispanos los hombres y las mujeres _____ besan cuando _____ conocen. En los Estados Unidos generalmente _____ damos la mano cuando _____ conocemos.

2. En muchos países hispanos los estudiantes y los profesores _____ tratan de manera bastante formal. Nosotros y nuestros profesores también/no _____ tratamos de manera formal.

3. Muchos estudiantes hispanos _____ prestan (*lend*) las notas de clase y _____ muestran (*show*) sus exámenes. Mis compañeros y yo también/no _____ prestamos las notas de clase y también/no _____ mostramos los exámenes.

6-7 Completa la siguiente historia de amistad con construcciones recíprocas, usando los verbos entre paréntesis (*brackets*).

Tomás y Teresa _____ _____ (1 conocer) en un autobús: todos los días

_____ _____ (2 mirar) desde lejos y, finalmente, un día que están cerca,

_____ _____ (3 decir) "*Hola*". Desde entonces son inseparables, _____

_____ (4 llamar) y _____ _____ (5 mandar) mensajes,

_____ _____ (6 ayudar) con los estudios y los problemas personales. En

fin, son amigos. Pero, ¿hay algo más? Esto es lo que dice Teresa:

"Nosotros _____ _____ (7 hablar) mucho, _____ _____ (8

ayudar), _____ _____ (9 comprender), nunca _____ _____

(10 tratar) mal. Pero no, no somos novios. ¿Es que un chico y una chica no pueden

ser simplemente amigos, muy buenos amigos?"

Así se dice

Algunas profesiones

6-8 ¿Qué personas trabajan en estos lugares? Indica todas las que puedes pensar para cada lugar. Puedes repetir profesiones.

1. En el hospital: _____

2. En una oficina: _____

3. En un restaurante: _____

4. En una tienda: _____

5. En casa: _____

6-9 Completa las siguientes definiciones con vocabulario de esta sección.

1. Persona que investiga e informa en un periódico o la televisión.

   _____

2. Puesto de trabajo de menos de (*less than*) 30 horas por semana.

   _____

3. Puesto de trabajo de 40 horas por semana.

   _____

4. Lugar donde se manufacturan alimentos, textiles, etc.

   _____

5. Persona que trabaja en la defensa legal de sus clientes.

   _____

6. Personas que trabajan para una compañía o empresa.

   _____

6-10 Responde a estas preguntas sobre tu trabajo (si no trabajas, imagina tu trabajo ideal).

1. ¿Qué trabajo tienes?

   _____

2. ¿Dónde trabajas?

   _____

3. ¿Es un trabajo a tiempo completo o a tiempo parcial?

   _____

4. ¿Cuántos empleados hay en tu lugar de trabajo?

   _____

5. ¿Qué haces en tu trabajo?

   _____

6. ¿Qué cosas te gustan más de tu trabajo? ¿Qué cosas no te gustan?

   _____

Así se forma

3. The preterit of regular verbs and *ser/ir* : Talking about actions in the past

6-11 What did you and Ana (the "good students") and Marta and Jorge (the "bad students") do last weekend? Write sentences using the following verbs in complete sentences.

	Yo	Ana	Marta y Jorge
estudiar	Estudié cuatro horas.	Estudió 6 horas.	No estudiaron mucho.
escribir			
practicar			
leer			
ir			
dormir			

6-12 ¿Qué hicieron tus amigos y tú la semana pasada? Responde con oraciones completas usando formas de **nosotros**.

1. ¿Qué estudiaron?

   _____

2. ¿Qué vieron en la tele?

   _____

3. ¿Qué comieron?

   _____

4. ¿Salieron a bailar? ¿Adónde?

   _____

5. ¿Fueron de compras? ¿Adónde?

   _____

6-13 Tu amigo Ernesto necesita un poco de ayuda académica, tú le haces algunas preguntas para averiguar cuál es el problema.

Modelo: salir con tus amigos anoche

¿Saliste con tus amigos anoche?

1. ir a la biblioteca ayer

   _____

2. cortarse el pelo recientemente

   _____

3. comprar todos los libros para tus clases

   _____

4. comer bien durante la semana

   _____

5. completar la tarea para la clase de español

   _____

6. aprender el vocabulario del Capítulo 6 para la prueba

   _____

7. llegar a la universidad temprano esta mañana

   _____

8. imprimir el trabajo para la clase de historia

   _____

9. hablar con el profesor consejero (_advisor_)

   _____

10. buscar la información en Internet sobre España

    _____

6-14 Imagina que eres Julia, la protagonista de esta historia. Completa las siguientes oraciones con las formas apropiadas de los verbos en paréntesis.

1. Ayer _____ (ser) un día extraordinario.

2. _____ (leer) los tres capítulos del texto de psicología.

   Raramente hago toda mi tarea para esa clase.

3. _____ (jugar) al tenis con Antonio, el chico que más me gusta.

4. _____ (almorzar) con él también.

5. _____ (ir) a la clase de español y

   _____ (sacar) una A en la prueba.

6. _____ (llegar) a mi casa temprano. Y adivinen (*guess*)

   quién me _____ (llamar). Pues claro, Antonio. Me

   _____ (invitar) a salir este fin de semana.

6-15 ¡Hoy estás muy cansado/a! Cuenta a tu amigo Miguel tus actividades de hoy, desde que te levantaste. Usa las expresiones del cuadro en tu narración.

luego	entonces	primero	más tarde	después	finalmente

Miguel, ¡estoy tan cansado! Primero _____

_____

_____

_____

_____

Así se forma

6-16 Tus compañeros de la clase de español y tú tienen un examen mañana y van a reunirse con su grupo de estudio. Completa la conversación usando pronombres de OD.

1. Tu compañero: ¿Tienes la lista de verbos irregulares?

   Tú: Sí, _____.

2. Tu compañero: ¿Sabes todas las palabras del vocabulario?

   Tú: No, _____.

3. Tu compañero: ¿Tienes el diccionario de español aquí?

   Tú: No, _____.

4. Tu compañero: ¿Quién tiene los apuntes de ayer?

   Tú: Leo _____.

5. Tu compañero: ¿Te llamó Leo?

   Tú: Sí, _____.

6. Tu compañero: ¿Nos va a ayudar?

   Tú: Sí, _____.

6-17 Para relajarse un poco después del examen, la clase está organizando una "fiesta de la paella". Responde a las preguntas sobre quién es responsable de cada tarea (*task*), usando pronombres de OD.

Modelo: ¿Quién va a hacer las compras? Luis

   <u>Luis las va a hacer. o Luis va a hacerlas.</u>

1. ¿Quién va a comprar los mariscos? Rosa

   _____

2. ¿Quién va a preparar la ensalada? Mirta y Lidia

   _____

3. ¿Quién va a cocinar la paella? Alberto y su novia

_____

4. ¿Quién va a traer las bebidas? Yo

_____

5. ¿Quién va a limpiar el apartamento después de la fiesta? La profe

_____

6-18 Tus abuelos vienen a visitar a tu familia por unos días y tu familia y tú están preparando todo para su llegada (_arrival_). Responde las preguntas de tu madre usando pronombres de OD.

Modelo: ¿Está Margarita organizando los libros en el cuarto de invitados (_guests_)?

Sí, los está organizando. o Sí, está organizándolos.

1. ¿Está Rita haciendo la cama para los abuelos?

_____

2. ¿Están tu papá y tu abuelo limpiando el jardín?

_____

3. ¿Está Miguel llamando a los tíos?

_____

4. Y tú, ¿estás preparando las empanadas?

_____

5. ¿Me estás escuchando?

_____

Repaso general

6-19 Responde a las siguientes preguntas con oraciones completas.

1. ¿A qué hora te levantaste esta mañana?

   _____

2. ¿Qué haces inmediatamente después de levantarte? (Menciona cuatro cosas.)

   _____

   _____

   _____

3. ¿A qué hora saliste de la residencia (de tu apartamento/ de tu casa) esta mañana? ¿Y qué pasó después? (Menciona cuatro cosas.)

   _____

   _____

   _____

4. ¿Te diviertes con tus amigos los fines de semana? ¿Qué hacen ustedes? (Menciona tres cosas.)

   _____

   _____

   _____

6-20 En una hoja de papel aparte, escribe un párrafo imaginando la vida diaria de una persona que consideras interesante. Después, compara o contrasta algunos aspectos de su rutina y la tuya.

Primero, _____ se levanta a las...

Nuestras vidas diarias son similares en algunas (*some*) cosas, por ejemplo...

Pero hay (algunas/muchas) diferencias también...

Check your answers with those given in the *Answer Key* and make all necessary corrections with a pen or pencil of a different color.

CAPÍTULO 7

Por la ciudad

Así se dice

Por la ciudad

7-1 • ¿A qué se refieren estas descripciones?

Modelo: El lugar de la ciudad donde descansamos y juegan los niños.

el parque

1. El lugar donde esperamos el autobús. _la parada de autobús._

2. Lo que hacemos en la parada de autobús. _el autobús._ esperar

3. Un edificio muy, muy alto. _el rascacielos._

4. El lugar en la oficina de correos donde ponemos las cartas (*letters*).
el buzón

5. El lugar donde vemos películas. _el cine_

6. El lugar donde depositamos nuestro dinero. _el banco_   OUR

7. El lugar donde vemos obras (*works*) de arte. _el museo_

8. No es una catedral. Es más pequeña. _la iglesia_   OK

9. En las ciudades hispanas, la _plaza_ generalmente está en el centro de la ciudad.

10. Leemos las noticias en _la librería_. periódico

11. *Sports Illustrated* es una _revista_.

12. Vamos al cine para ver una _película_.

13. Lo contrario (*opposite*) de **salir**. _entrar_

14. Sinónimo de **personas**. _las gentes_

15. Si no queremos ir ni en metro ni en autobús, buscamos un _taxi_.

Así se dice

En el centro

7-2 · Completa las oraciones con palabras apropiadas de esta sección.

Today

1. Hoy vamos a ir al __ciudad__ *centro* de la __plaza__ para ver museos, cenar en un restaurante y para ir al teatro.

2. El __MUSEO__ de Artes __colonial abre__ a las diez de la mañana y __cenar en un restaur~~ante~~__ *cierra* a las seis de la tarde.

3. Después vamos a cenar en el __Mason major__ restaurante argentino de la ciudad. ¡Traen la carne de Argentina en avión (*airplane*)!

4. Por la noche vamos a ver una __película__ *obra* en el Teatro Río de la Plata. Es importante llegar temprano porque tenemos que __hacer__ __fila__ para comprar las __~~el boletos~~ entradas__. La función (*show*) __empezar__ a las ocho y __terminar__ a las diez.

Así se forma

1. Indicating relationships: Prepositions
A. Prepositions of location and other useful prepositions

Susana · Pablo · Felipe · Roberto · Aurora · Eduardo · Rafael · Tomás · Ana

7-3 ·

| al lado de *besides,* *nexto* | cerca de *near* | frente a *opos.* delante de *infront of* |
| lejos de *far* | entre *between* | detrás de *behind* |

1. Eduardo está ___lejos de___ de Aurora, pero ___cerca de___ Ana.

2. Ana está ___entre___ Tomás y Rafael.

3. Felipe está ___al lado de___ Roberto.

4. Aurora está ___delante de___ Roberto.

5. Eduardo está ___detrás de___ Tomás.

6. Susana está ___fruente a___ Pablo. ¡Están bailando!

7-4 ¿Cómo se dice en español? *Hint:* En español se usa *un infinitivo* después de una preposición.

CELIA: *Anita, instead of studying, do you want to go to the movies?*

_____

ANITA: *Yes, but before leaving, I have to send this e-mail message. . . .*

_____

CELIA: *After seeing the movie we can walk to El Mesón to (in order to) have dinner.*

_____

ANITA: *It's very close to the theater, and the food is excellent.*

_____

B. Pronouns with prepositions

7-5 · Completa el diálogo con los pronombres preposicionales apropiados. Usa los pronombres de la lista.

mí	conmigo	ti	contigo	ella	nosotros

Un sábado por la mañana Carmen y Alfonso hablan de la torta que van a preparar para la fiesta sorpresa de Natalia.

CARMEN: Mira, Alfonso. Voy al supermercado para comprar los ingredientes para la torta de cumpleaños de Natalia. ¿Quieres ir (1) _conmigo_?

ALFONSO: Lo siento, Carmen. No puedo ir (2) _contigo_ ahora porque tengo que hablar con mi amigo Julio sobre la tarea.

CARMEN: Bueno. Me voy sin (3) _ella ti_. Linda va a venir al apartamento a las cuatro para preparar la torta (4) _conmigo_. Si quieres ayudarnos, puedes venir con (5) _ti NOS_.

ALFONSO: Gracias. Soy especialista en decoración de tortas.

CARMEN: ¡Sí! El año pasado, cuando celebramos mi cumpleaños, decoraste una torta para (6) _mí_. ¡Una obra de arte!

ALFONSO: Natalia va a estar muy contenta esta noche. ¡A (7) _nosotros ella_ le encantan las fiestas de sorpresa!

CARMEN: ¡Y a (8) _contigo Nosotros_ nos encanta organizarlas!

Así se forma

2. Demonstrative adjectives and pronouns

7-6 · Tú y tu amigo están caminando por la ciudad de Nueva York y hablan de lo que ven. Usa el adjetivo o el pronombre demostrativo apropiado.

Modelo: Me gustan _estas_ flores (cerca).

Pues yo prefiero _esas_ (unas un poco lejos).

1. _Están Aquel_ rascacielos (lejos) es uno de los más altos de la ciudad.

2. _Le esta_ estatua (cerca) es muy famosa.

3. Pues a mí me gusta ~~estoy~~ *aquella* _____ (una lejos).

4. ~~Los~~ *estos* _____ almacenes (cerca) venden recuerdos.

5. ~~Le~~ ~~estos~~ *aquella* _____ tienda (lejos) es Macy's.

6. ~~esta~~ ~~este~~ *esa* _____ joyería (un poco lejos) es muy famosa.

7. ~~La~~ *esta* _____ plaza (cerca) es la Plaza Washington.

8. ¿Quieres comprar ~~te~~ *esa* _____ (un poco lejos) revista?

9. No, yo siempre leo ~~está~~ *nosotros* _____ (una cerca).

7-7 · **Martín y David están en el supermercado.** Escoge el adjetivo o pronombre demostrativo apropiado.

MARTÍN: David, ven. Mira _____ (1) carne de res de aquí. ¿La compramos para cenar?

DAVID: No sé, es un poco cara. _____ (2) que está detrás parece buena también, y allí en _____ (3) estanterías hay más carnes.

MARTÍN: Bueno, vamos a ver _____ (4) antes de decidir.

(*Caminan a las estanterías, pero David ve otra cosa antes de llegar*).

DAVID: Oye, ¿por qué no compramos un pollo asado (*roast*)? Mira, aquí hay muchos. _____ (5) pollos a la barbacoa huelen (*smell*) muy bien.

MARTÍN: Sí, _____ (6) de aquí está bien. Y es mucho más barato que todas _____ (7) carnes.

Así se forma

3. Talking about actions in the past:
The preterit of *hacer* and stem-changing verbs

A. *Hacer*

speedy

7-8· Completa con formas del verbo **hacer** en el pretérito para saber lo que hizo tu amiga Elena el fin de semana pasado.

TÚ: ¿Qué _____hiciste_____ el fin de semana pasado?

ELENA: Pues no _____hactó hice_____ mucho. Ana, Beatriz y yo _____hicimos_____ una torta para el cumpleaños de Elisa. El domingo Ana y Beatriz _____hicieron_____ ejercicio en el gimnasio, pero yo no. Vi mucha televisión y leí un poco: fue un domingo aburrido.

B. Stem-changing verbs

7-9· Imagina que tú y tus amigas cenaron en un auténtico restaurante mexicano. ¿Qué pasó? Escribe oraciones con las siguientes palabras. Cambia el verbo a la forma correcta del pretérito. Después indica si cada evento te parece bueno o malo.

1. El mesero / <u>repetir</u> las especialidades.

   _____repetió_____ ☑ Bueno ☐ Malo

2. Jorge no escuchó la primera vez y / <u>pedir</u> que repitiera otra vez.

   _____pedió_____ ☐ Bueno ☑ Malo

3. Jorge y Elena / <u>pedir</u> el especial del día.

   _____pedieron_____ ☑ Bueno ☐ Malo

4. El mesero / <u>servir</u> todo muy lentamente.

   _____servió_____ ☑ Bueno ☐ Malo

5. Parece que el mesero / no <u>dormir</u> la noche anterior.

   _____darmió_____ ☐ Bueno ☑ Malo

6. Una mosca (*fly*) / <u>morirse</u> en la sopa de Elena.

   _____se murió_____ ☐ Bueno ☑ Malo

7. Todos / <u>divertirse</u> mucho.

   _____divertieron_____ ☑ Bueno ☐ Malo
   nos divertimos

7-10 · Escribe oraciones con las siguientes palabras, indicando qué es lo que pasa normalmente y qué pasó anoche o ayer. Por último, indica por qué pasó cada evento.

Modelo: Normalmente, Paco / dormir bien

Normalmente, Paco duerme bien. Pero anoche
durmió mal porque un perro hizo mucho ruido (noise).

1. Normalmente, Tina y Elena / pedir una pizza con carne

Normalmente, Tina y Elena pedireon una pizza con carne pero anoche pidieoron pizza solomente con queso.

2. Normalmente, el profesor de español / almorzar con los otros profesores

Normalmente, el profesor de español almuerzo con los otros profesores puero anoche almuerzó

3. Normalmente, yo / jugar al tenis por la tarde

Normalmente yo juego al tenis por la tarde pero jugé al fútbol.

4. Normalmente, Carlos / empezar sus clases a las ocho de la mañana

Normalmente, Carlos empieza sus clases a las ocho de la mañana, pero anoche empiezó a las siete de la mañana.

5. Normalmente, Nicolás y Samuel / dormir ocho horas

Normalmente, Nicolás y Samuel duermen ocho horas pero anoche duermieron seis horas.

6. Normalmente, tú y yo / divertirse mucho

Normalmente, tú y yo divirtimos mucho pero anoche divirtimos poco.

Así se dice

En la oficina de correos

7-11 Combina la información de la columna **A** con la información correspondiente de la columna **B**. Luego escribe una oración completa, con el verbo en el pretérito.

└ past

A	**B**
1. ir	de mi familia
2. escribir la dirección	a la oficina de correos
3. comprar un sello	al correo *(mail)*
4. echar la carta *letter*	✓en el sobre
5. mandar también *to send*	✓en la oficina de correos
6. recibir un paquete	✓una tarjeta postal

1. Fui a la oficina de correos.
2. Escribí la dirección en el sobre
3. En la oficina de correos compré un sello.
4. Eché la carta en el buzón
5. Mandé una tarjeta postal también.
6. Recibié un paquete a la oficina de correos.

Así se dice

El dinero y los bancos

7-12 Completa las oraciones con la palabra apropiada del vocabulario.

1. Un turista va a viajar a México. Puede ___cambiar___ dólares a pesos mexicanos, o puede llevar ~~efectivo~~ de ~~moneda~~. ~~viejo~~ viajero
   cheques

2. Para poder recibir dinero, el turista debe ~~de viajero~~ el cheque, es decir (*that is*) escribir su nombre en el cheque.
   firmar

3. Con algunas tarjetas de débito puedes retirar dinero en un ___tarjeta___ ~~de crédito~~ de un país extranjero en la ~~cuenta~~ moneda de ese país. Por ejemplo, puedes usar algunas tarjetas de débito en México para retirar pesos mexicanos.

4. Cuando no usamos ni cheque, ni tarjeta de crédito pagamos en ___efectivo___.

5. Cuando el artículo cuesta ocho dólares y pagamos diez, recibimos dos dólares de ~~moneda~~ cambio

6. Siempre es buena idea ~~ahorrar~~ contar el dinero que recibimos de la dependienta.

7. Lo contrario de retirar dinero del banco es ~~gastar~~ depositar dinero.

8. Lo contrario de depositar el cheque es ~~depositar~~ cobrar el cheque.

9. Lo contrario de gastar dinero es ~~crédito~~ guardar dinero, o también ~~débito~~ ahhorar dinero.

10. Lo contrario de perder dinero es ~~ahorrar~~ encontrar dinero. ¡Qué buena suerte!

Lee el anuncio y contesta las preguntas.

Reading hints: *Read the ad quickly, not stopping to look up words. Then read the ad again and underline all the words that you recognize.*

1. ¿Es fácil o difícil usar el cajero automático?

   Es fácil uso el cajero automático.

2. ¿Qué debes hacer primero?

   Tener en cuenta los siguientes.

CAJEROS AUTOMÁTICOS

Este es el cajero más fácil de usar.

En la pantalla aparecen todas las opciones del menú.

Ud. debe insertar su tarjeta en la ranura y digitar su clave personal.

Luego debe seleccionar la opción que desea: retiro, depósito, pago, etc. y la cantidad a retirar o a pagar.

Es importante tener en cuenta los siguientes consejos:

   no exponer su tarjeta a altas temperaturas

   no doblar la tarjeta

   no colocarla sobre ningún campo magnético

   no anotar su clave personal en ella

ATM Card
1234 5678 9012 3456
MIGUELITO

---

3. Luego, ¿qué debes hacer?

   Opciones del menú

4. ¿Cuáles son tres posibles opciones que da el menú?

   retiro, depósito, y pago

5. ¿Cuáles son tres consejos para conservar la tarjeta en buenas condiciones?

   No doblar la tarjeta, no anotar su clave personal en ella, y no exponer su tarjeta a altas temperaturas

Así se forma

4. Indicating to whom or for whom something is done: Indirect object pronouns

7-14 Tu amigo dice que hace muchas cosas para ti. Pero tú también haces muchas cosas para él. Completa la conversación con los pronombres de OI **me**, **te** o **nos**.

TU AMIGO: Yo siempre __te__ presto mi coche para ir al supermercado.

TÚ: Sí, pero yo siempre __te__ compro muchas cosas cuando voy al supermercado.

TU AMIGO: Además, muchas veces __te__ presto dinero, ¿no?

TÚ: Es cierto, a veces __me__ prestas dinero. Pero __te__ devuelvo todo rápidamente.

Y tú a veces __me__ pides dinero a mí también.

TU AMIGO: Sí, es verdad... Por cierto *(By the way)*, Fernando __nos__ pidió dinero a ti y a mí la semana pasada. A mí no __me__ devolvió nada, ¿y a ti?

TÚ: No, pero ayer __me__ dijo que __nos__ va a devolver todo a los dos el sábado.

7-15 En realidad, tú siempre haces muchas cosas para tu familia y amigos. Escribe 5 oraciones describiendo las cosas que haces para ellos usando los verbos del cuadro y los pronombres de OI **le** o **les**.

> prestar _to lend_   dar   regalar _to give_   explicar _explain_   comprar _buy?_

Modelo: _A mis amigos siempre les doy consejos._

1. Me amigos y yo compramos les moch
2. Te explicaste me le problamas.
3. Mi madre presté el dinero le herman
4. Yo regaló les muchos revistas a leer.
5. Damos nos siempre correr.

7-16 Hoy tuviste un día muy productivo. Completa las siguientes oraciones con los pronombres de OI apropiados.

1. Le envié un paquete a mi primo favorito para su cumpleaños.

2. Fui a la oficina de mi profesor y me explicó los errores de mi examen.

3. Les hice una reserva en un restaurante a mis padres por su aniversario.

4. Laura me mostró (a mí) las fotos de sus vacaciones en Chile.

5. Jorge nos ayudó a mi amiga y a mí con la tarea de química.

6. Después nosotras le invitamos a cenar a él por su ayuda.

7. Cuando regresé al cuarto, le di comida a mi pez y les escribí un mensaje a mis hermanos.

8. Y ahora, yo te estoy contando a ti todas mis actividades.

7-17 Una tía tuya, muy generosa, les regaló a todos los miembros de la familia lo que pidieron. Escribe oraciones indicando lo que regaló a cada persona.

Modelo: mi hermana/un libro <u>A mi hermana le regaló un libro.</u>

1. mi primo/ unos CD <u>A mi primo le regaló unos CD</u>

2. mis padres/ una preciosa figurita <u>A mis padres les regaló una preciosa figurita.</u>

3. tú/ una raqueta <u>A ti te una regaló una raqueta</u>

4. mi hermana/ una mochila <u>A mi hermana le regaló una mochilla.</u>

5. todos los sobrinos (nosotros)/ dinero <u>A todos los sobrinos nos regaló dinero.</u>

6. yo/ ¿...? <u>A mí me regaló un nuevo carro.</u>

Repaso general

7-18 Contesta las preguntas con oraciones completas.

1. La última vez (*last time*) que fuiste al centro, ¿qué lugares visitaste? ¿Qué hiciste allí?

<u>a vez fué al centro yo compro jureria la</u>
lepa

2. ¿Fuiste con alguien (*anyone*)? ¿Con quién?

<u>No, no fue con alguien.</u>

3. ¿Compraste algo en un almacén o tienda? ¿Qué compraste y para quién?

<u>Compro algo un tienda. Compro zapatos y dos semenas del fin pasa.</u>

4. ¿Dónde comiste o tomaste algo (*something*)? ¿Qué pediste?

<u>Si, comisto un taco.</u>

5. La última vez que fuiste al cine o al teatro, ¿a cuál fuiste? ¿Qué película u obra de teatro fuiste a ver?

<u>No say al pelicula, y obra teatro voy.</u>

7-19 En una hoja de papel aparte, describe el centro de tu ciudad de origen, la ciudad donde vives o tu ciudad favorita con detalle. Menciona las calles y plazas principales, lugares públicos como parques o iglesias, tiendas y centros comerciales, lugares culturales como teatros, cines o museos, tus restaurantes favoritos, y medios de transporte para llegar. Puedes empezar así:

Calabasas es mi ciudad de origen/ la ciudad donde vivo/ mi ciudad favorita...

Mi ciudad es muy grande. Mas gente viajero calabasas porque famoso gente vivo en la ciudad. El centro comercial en calabasas es nombre "El commons". En el commons hoy un cine y el café, el librería, joyería, y delisa restrauntes. Mi favorito resturante es "Marm alade Café". Es un moderno café con amencano comida. Hoy bebemos muy delisloso. Pero en calabasas la populacion es rico gente. Tienen grande casas y bu carros. La moneda es no problema en calabasas.

> Check your answers with those given in the *Answer Key* and make all necessary corrections with a pen or pencil of a different color.

Dicho y hecho: Cuaderno de actividades

CAPÍTULO 8

De compras

Así se dice

De compras

8-1 **¿A qué se refieren estas descripciones?**

Modelo: Necesitamos esto cuando llueve. ___el paraguas___

1. Donde las mujeres llevan su dinero, gafas, etc. _el bolso_

2. Tipo de abrigo que llevamos cuando llueve. _el impermeable_

3. Una joya pequeña, es un círculo. Siempre lo llevan las personas casadas.
el anillo

4. La joya que adorna el cuello (*neck*). _el collar_

5. Lo que miramos para saber la hora. _el reloj_   las botas

6. Llevamos un par de estas cuando nieva. No son zapatos. _las sandalias_

7. A un restaurante elegante, los hombres llevan el traje y _la corbata_

8. Las mujeres las llevan con vestidos y zapatos elegantes. No son calcetines.
las medias

9. En la playa, las mujeres lo llevan en la cabeza (*head*) para protegerse del sol.
el sombrero

10. Llevamos un par de estos todos los días. No son botas. _los zapatos_

11. Combinación de chaqueta y pantalones. _el traje_

12. Frecuentemente es de cuero. Se lleva con los pantalones. _el cinturón_

13. Los jugadores de béisbol la llevan en la cabeza. _la gorra_

14. Cuando hace mucho frío, llevamos _la bufanda_ en el cuello (*neck*) y
los guantes en las manos (*hands*).

15. Unas joyas pequeñas, generalmente las venden en parejas. _los aretes_

16. Materiales textiles: _el algodón_ procede de una planta; _la lana_
procede de unos animales mamíferos y _la seda_ la hacen unos insectos.

17. Los recibimos de la familia o de amigos para nuestro cumpleaños. _los regalos_

8-2 **¿Qué te vas a poner para estas actividades?** Describe la ropa y accesorios. Piensa en las cosas que tienes y, si necesitas algo que no tienes, indica qué vas a comprar.

Modelo: *Voy a llevar… También voy a compar…*

Una boda, en verano: _____

_____

El gimnasio: _____

_____

Una fiesta, en primavera: _____

_____

El teatro, en invierno: _____

_____

8-3 Lee el anuncio y completa el siguiente ejercicio.

Casa París
Elegancia y distinción

Alquiler y venta de smokings a precios inigualables

- Somos especialistas en trajes formales y smokings para todas las edades.
- Fabricamos y alquilamos vestidos de etiqueta a la medida.
- Vendemos y alquilamos accesorios para vestir de etiqueta.
- Hacemos alteraciones a cualquier tipo de traje.
- Tenemos los mejores vestidos para quinceañeras y damas de honor.
- Ofrecemos vestidos para niños para primera comunión y bautizo.

El smoking del novio es GRATIS con grupos de seis personas o más.

PRECIOS ESPECIALES PARA ESTUDIANTES

Av. Ugarte 1265 • Local 12, Piso 2 • Tel: 54384080
Calidad y buen servicio desde 1945   SERVICIO DE ENTREGA A DOMICILIO

1. Haz una lista de ocho palabras del anuncio que sean muy similares a su equivalente en inglés. Traduce las palabras al inglés.

español	inglés	español	inglés
a) París	Paris	e) alteraciones	altercations
b) Elegancia	Elengent	f) honor	honor
c) Distinión	Destination	g) comunión	communion
d) smoking	smoking	h) grupos	groups

Dicho y hecho: Cuaderno de actividades

2. ¿Qué verbo asocias con la palabra **venta**? _big_

3. La tienda ofrece **venta** de smokings y **alquiler** de smokings. ¿Puedes adivinar (guess) lo que significa **alquiler** en inglés?

   alquiler = _non-smoker_

4. La palabra **quinceañeras** es una combinación de dos palabras. ¿Cuáles son?

   quince (15) años (years) = 15th b·day party.

   (Recuerda: **Quinceañeras** son muchachas que cumplen quince años. En México y en otros países del mundo hispano se celebra esta ocasión con una fiesta muy especial.)

5. El anuncio dice que el smoking del novio es **gratis** con grupos de seis personas o más. ¿Puedes adivinar lo que significa **gratis** en inglés?

   gratis = _more than_

6. ¿En qué tipo de ropa formal se especializa Casa París?

   House of Pans, muy formal

7. ¿Qué otras cosas ofrece?

   vestidos para niños para primera comunión y bautizo.

8. ¿Te gusta llevar ropa formal?

   Me gusta llevar un vestido para formal ropa.

Así se dice

La transformación de Carmen

8-4 Completa las oraciones con palabras apropiadas de esta sección.

1. Extra-pequeña, pequeña, mediana, grande, extra-grande son

   tallas.

2. Cuando no vemos bien y no queremos gafas, podemos usar

   lentes de _contacto_.

3. Lo opuesto de limpio es _sucio_.

4. Donde ponemos la ropa es el _ropero_.

5. Algunas joyas caras son de _____ oro _____ o
   _____ plato _____.

6. La manga de una blusa o camisa puede ser _____ larga _____ o
   _____ corta _____.

7. Para muchas personas, una camiseta que cuesta $90 es _____ cava _____
   y una que cuesta $5 es _____ barata _____.

8-5 Completa las oraciones con la forma correcta de los verbos siguientes.

> buscar   mirar   ver

1. Cuando caminamos por el centro, siempre _____
   a muchas personas.

2. Julia siempre _____ las joyas en el escaparate de la
   joyería La Perla con mucho interés.

3. No sabemos dónde está la estación de metro; vamos a _____ la.

4. Esta tarde vamos al cine a _____ una película.

Así se forma

1. Possessive adjectives and pronouns: Emphasizing possession

8-6 Tus amigos y tú van a pasar un fin de semana en las montañas. Ahora tienen que empacar (*pack*), pero ¿de quién es cada cosa? Transforma las oraciones usando pronombres posesivos.

Modelo: Estas son mis gafas. <u>Estas gafas son mías.</u>

1. Esos son sus pantalones. <u>Esos pantalones son suyos.</u>
2. Esta es tu camisa. <u>Esta camisa es tuya.</u>
3. Ese es su abrigo. <u>Ese abrigo es suyo.</u>
4. Estas son nuestras bufandas. <u>Estas bufandas son nuestras.</u>
5. Estos son tus calcetines. <u>Estos calcetines son tuyos.</u>

6. Esta es su gorra. _Esta gorra es suya._

7. Ese es mi cinturón. _Ese cinturón es mío._

8. Aquellos son sus zapatos. _Aquellos zapatos son suyos._

8-7 Tu amiga también está empacando (*packing*) y te pregunta sobre algunas cosas que hay en la habitación. Responde sus preguntas usando pronombres posesivos.

Modelo: Ese impermeable gris, ¿es de Susana?

Sí, es suyo.

1. Ese reloj, ¿es tuyo?

   Sí, es mío.

2. Esas gafas de sol, ¿son tuyas?

   Sí, son mías.

3. Ese bolso azul, ¿es de Anita?

   Sí, es suyo.

4. Esa cartera negra, ¿es de Pedro?

   Sí, es suya.

5. Esas camisetas, ¿son de ustedes?

   Sí, son suyas. nuestras

6. Esos sombreros de playa, ¿son de ustedes?

   Sí, son suyos. nuestros

8-8 Dos hermanos quieren los mismos pantalones. Completa la conversación.

ANTONIO: ¡Estos pantalones son ___míos___!

MIGUELITO: No son ___tuyos___. ¡Son ___míos___!

MAMÁ: Los pantalones no son (de ustedes) ___suyos___. ¡Es obvio que son de su papá!

Así se forma

2. The preterit of irregular verbs: Expressing actions in the past

8-9 Escribe una conversación entre dos personas con la siguiente información y usando los verbos del cuadro. Usa formas de **Tú** para las preguntas y formas de **Yo** para las respuestas.

| estar | hacer | poder | saber | tener que | traer |

(handwritten annotations: TO BE · TO be able · know · Do you Have to · TO BRING)

Modelo: ¿Tuviste que trabajar hoy?

Sí, tuve que trabajar hoy. o No, no tuve que trabajar hoy.

1. la tarea / anoche

Hiciste la tarea anoche?

Sí, hice la tarea anoche.

2. hablar con la profesora / ayer

pudiste ~~Puedeste~~ hablar con la profesora ayer?

No, no pude hablar con la profesora ayer.

3. los libros a clase / hoy

Trajiste los libros a clase hoy.

Sí, traje los libros a clase hoy.

4. en alguna fiesta / el fin de semana pasado

Estuviste en (alguna fiesta el fin de semana *pasad*

No, no estuve en ↑↑↑

5. trabajar / ayer

Tuviste que trabajar ayer.

Sí, tuve que trabajar ayer.

6. la nota que sacaste / en el último examen de español

Supiste la nota (que sacaste en el último)

Sí, supe la nota ↑↑↑ examen de español.

8-10 Imagina que tú y tus amigos hicieron un viaje (*took a trip*) a las montañas. Narra la aventura. Escoge el verbo de la siguiente lista que corresponda a cada oración. Escribe la forma correcta del verbo (tiempo pretérito) en el espacio en blanco.

| estar | hacer | poder | poner | tener | traer | venir |

1. Un amigo mío ___HIZO___ un viaje a las montañas el mes pasado.

   (Nosotros) ___hicimos___ el mismo (*same*) viaje el sábado pasado.

2. De acuerdo con *(As per)* nuestros planes, mis amigos ___vinieron___ a mi apartamento a las ocho de la mañana.

3. Mis amigas Dulce y Ana ___trajeron___ la comida y las bebidas.

4. (Yo) ___Puse___ nuestras mochilas, chaquetas y botas en el Jeep.

5. El primo de Dulce no ___pudo___ venir. Se quedó (*He stayed*) en casa.

6. (Nosotros) ___Tuvimos___ en las montañas caminando y explorando por unas seis o siete horas.

7. (Nosotros) ___Estuvimos___ que regresar ese mismo día. En otra ocasión queremos acampar allí.

8-11 Lee el mensaje electrónico que Anita y Elena le escriben a Pablo. Luego, imagina que eres Pablo. Contesta las preguntas que tus amigas te hacen. ¡Sé creativo/a en tus respuestas!

De: Anita@ole.com, Elena@ole.com
Para: Pablo@ole.com
CC:
Asunto: Te esperamos

Querido Pablo:
Elena y yo estamos un poco preocupadas. ¿Dónde estuviste anoche? Te esperamos media hora y luego nos fuimos al centro sin ti. También llamamos a tu apartamento. ¿Tuviste alguna emergencia? ¿Adónde fuiste?

Tus amigas,
Anita y Elena

1. _____

2. _____

3. _____

Así se forma

3. Direct and indirect object pronouns combined

8-12 Ayer fue el cumpleaños de tu amiga Sara, y tuvo una cita (*date*) muy romántica con su novio. Escribe sus respuestas a estas preguntas usando pronombres de objeto directo e indirecto.

Modelo: ¿Te trajo este regalo? _Sí, me lo trajo_____.

1. Anoche hizo frío. ¿Te prestó su chaqueta? _Sí, me la prestó_____.

2. ¿Te dio esa tarjeta? _Sí, me la dio._____.

3. ¿Te mostró las fotos de su familia? _Sí, me las mostrós___.

4. ¿Te compró esta rosa? _Sí, me la compró___.

5. ¿Te cantó "Cumpleaños feliz"? _Sí, me lo cantó____.

6. ¿Te dijo "te quiero"? _Sí, me lo dijo._____.

Ahora le cuentas todo a otra amiga, María. Completa las oraciones con pronombres.

7. Tú: Sara salió con Alejandro anoche. ¿Ves ese regalo? _Sí_ _lo_ / _Se_ trajo él.

8. María: Y esa tarjeta, ¿ _Tu_ _la_ / _Se_ dio también?

9. Tú: Sí, y esa rosa, Alejandro _su_ _la_ / _Se_ compró.

María: ¡Qué romántico! Seguro que le dijo "te quiero", ¿verdad?

10. Tú: Sí, sí, _me_ _lo_ / _Se_ dijo.

8-13 Tu compañero de cuarto te hace muchas preguntas. Contesta usando pronombres de objeto directo e indirecto. Presta atención a la concordancia (agreement).

Modelo: ¿Quién te dio ese regalo? <u>Me lo dio mi amiga</u>.

1. ¿Quién me trajo ese paquete? <u>Te lo trajo mi amigo.</u>

2. ¿Quién te escribió esa tarjeta postal? <u>Me lo~~19~~ escribió mi hermana.</u>

3. ¿Quién te prestó este libro? <u>Me lo prestó mi madre.</u>

4. ¿Quién nos dio estas galletas? <u>Nos las dio mis amigos.</u> ~~Nuestras dio mis amigos.~~

5. ¿Quién nos invitó a la fiesta? <u>Nos ~~lo~~ invitó mi amigo.</u>

6. ¿Quién te dijo dónde es? <u>Me lo dijo mis amigos.</u>

8-14 Natalia viajó al Perú. Escribió una lista de lo que va a hacer al volver a casa. Contesta las preguntas según la información de la lista.

Modelo: ¿Qué va a hacer ella con el poncho?

<u>Va a regalárselo a Óscar. o</u>

<u>Se lo va a regalar a Óscar.</u>

Al volver a casa...

regalar:
el poncho – Óscar
los anillos – Elena y Sonia
la pulsera – hermanita

mostrar:
las fotos de Cuzco – abuelos
el mapa de Perú – la profesora Serra

devolver:
la mochila – Juan
la cámara – mamá

1. ¿Qué va a hacer con los anillos?

<u>Va a regalárselos a Elena y a Sonia.</u>

2. ¿Qué va a hacer con la pulsera?

<u>Va a regalársela a hermanita.</u>

3. ¿Qué va a hacer con las fotos de Cuzco?

<u>Va a ~~regalárselos~~ a abuelos.</u> Mostrárselas

4. ¿Qué va a hacer con el mapa de Perú?

<u>Va a ~~regalársela~~ a la professora Serra.</u> mostrárselo

5. ¿Qué va a hacer con la mochila?

Va a devolvérsela a Juan.

6. ¿Qué va a hacer con la cámara?

Va a devolvérsela a su mamá.

Así se forma

4. Indefinite words and expressions

8-15 Ernesto y Carlos son muy diferentes. Lee lo que hace Ernesto y lo que le gusta, y luego escribe sobre Carlos. Usa palabras de la lista.

nada	nadie	nunca	tampoco

Modelo: Ernesto siempre viene a visitarme.

Carlos _____nunca_____ viene a visitarme.

1. Ernesto me da algo para mi cumpleaños todos los años.

Carlos no me da _____nadie nada_____ para mi cumpleaños.

2. A Ernesto a veces le gusta tocar la guitarra para los amigos.

A Carlos _____nada nunca_____ le gusta tocar la guitarra.

3. Ernesto siempre está hablando con alguien.

A Carlos no le gusta hablar con _____nunca nadie_____

4. A Ernesto no le gustan mucho las fiestas de la universidad.

Pues a Carlos no le gustan las fiestas _____tampoco_____.

¿Quién es un mejor amigo, en tu opinión?

☑ Ernesto   ☐ Carlos

8-16 **Unos días en Lima.** Natalia envió un correo electrónico a sus amigos desde un centro comercial en Lima. Léelo y complétalo con palabras del cuadro (puedes repetir palabras). Presta atención a la concordancia (*agreement*) de género y número donde es necesario.

todo	algo	nada	alguien	nadie
también	tampoco	algún/a/os/as	ningún/a/os/as	ni... ni

De: Natalia
Para: nat@uni.com

Asunto: En Lima

Hola chicos,
Estoy en el centro comercial Plaza y es fantástico. Tiene tiendas, restaurantes
y __también__ (1) un multicine con las últimas películas, aunque
__algunas__ (2) están dobladas al español. Vi el tráiler de una película con
George Clooney y es muy extraño escucharlo con la voz de __alguien__
(3) diferente. Ayer visité __algunos__ (4) lugares interesantes en el centro
histórico y el Museo Antropológico Larco. La colección de objetos de oro y
plata precolombinos es increíble, pero la verdad es que __todo__ (5) me
encantó. Luego caminé por el Mercado Artesanal, donde compré __algo__
(6) para mi sobrinito —un chullo, que es como un gorro de lana de alpaca— y,
sí, para ustedes compré __algunas__ (7) cosas __también__ (8). En el
mercado conocí a __algunos__ (9) estudiantes peruanos muy simpáticos.
Fui con ellos a un restaurante donde pidieron __algunos__ (10) platos típicos
peruanos. Yo no pedí __ningún__ (11) plato norteamericano __tampoco__
(12), aunque ¡tenían hamburguesas! Como (*since*) no tengo __ningún__ (13)
amigo aquí ni conozco a __nadie__ (14) más, cambié mis planes para esta
noche y no voy a ir __ni__ (15) a la ópera __ni__ (16) al teatro,
voy a salir con mis nuevos amigos. Les escribo pronto.

Un beso,
Natalia

Repaso general

8-17 Contesta las preguntas con oraciones completas.

1. ¿Quién te regaló algo bonito? ¿Quién fue, y qué te regaló?

   Me lo a mi madre. Fui al tienda de ropa, tuve una blusa.

2. ¿Le compraste a tu madre un regalo de cumpleaños? ¿Qué?

   Sí, me lo compre. Un zapatos.

3. La última vez que hablaste con tu mamá, ¿qué le contaste?

   Yo hable con mi mama por las peliculas favoritos.

4. Hablando de tu vida universitaria... ¿Dónde estuviste ayer? ¿Qué hiciste?

   Hice estuviste la vida.

5. ¿Qué hiciste el fin de semana pasado? ¿Conociste a alguien?

   Conocisite hizo el fin de semana

8-18 Mira en tu ropero y tus cajones (*drawers*) y busca tus prendas y accesorios favoritos. En una hoja de papel aparte, escribe un párrafo describiéndolos. Incluye detalles como el color, el material, etc. y describe por qué te gustan (**me gusta/n porque...**) y cuándo los llevas (**para ir a...**).

Check your answers with those given in the *Answer Key* and make all necessary corrections with a pen or pencil of a different color.

CAPÍTULO

9 La salud

Así se dice

La salud

9-1 ¿A qué se refieren estas descripciones?

Modelo: Lo contrario de salir. _____entrar_____

1. El cuarto en el hospital donde se queda el paciente. _la habitación_

2. Persona enferma que va al consultorio de la médica. ~~la recepcionista~~ _la paciente_

3. Se usan para caminar cuando una persona tiene una fractura o lleva yeso. ~~sacar una radiografía~~ _las muletas_

4. Porción grande del aparato digestivo, entre el esófago y el intestino. ~~la garganta~~ _el estómago_

5. Profesional que va en las ambulancias y ayuda (*helps*) a las víctimas de accidentes, ataques cardíacos, etc. _el paramédico_

6. Sirve para dormir o descansar, en casa, en el hospital o en un hotel. _la cama_

7. Órganos de la respiración de los humanos y de ciertos animales. _el pulmón_

8. El acto de ponerse (*to become*) enfermo. _enfermarse_

9. Virus que se inocula para que la persona no contraiga una enfermedad. ~~la gripe~~ _la vacuna_

10. Durante los nueve meses antes del nacimiento (*birth*) de un bebé, la mujer está... _embarazada_.

11. Vehículo destinado al transporte de heridos o enfermos. _la ambulancia_

12. Se usa para tomar la temperatura. _Tomar la temperatura._

13. Perforación en un cuerpo vivo, que con frecuencia produce sangre. _la herida_

14. Órgano impulsor de la circulación de la sangre. _el corazón_

15. Una pieza del cuerpo dura (*hard*) que forma parte del esqueleto. ~~el dedo~~ _el hueso_

16. Permanecer, no ir a otro lugar. _quedarse_

Completa la historia de la visita de Ernesto al hospital con las palabras del cuadro. Los verbos deben estar en formas de pretérito.

silla de ruedas	quedarse	ambulancia	temperatura	paramédico
sala de emergencias	enfermarse	estómago	presión	examinar
infección	radiografía	análisis de sangre		

Se enfermó

Juan _Sala de emergencias_ el martes por la noche: vomitó varias veces y sintió un dolor terrible de _estómago_. Llamó al 911 y una _ambulancia_ lo llevó al hospital. Juan no pudo caminar y un _paramédico_ lo llevó a la _sala de emergencias_ en una _silla de ruedas_. Rápidamente, una enfermera le tomó la _presión_ y la _temperatura_. La doctora lo _examinó_, pero no encontró nada. Después de hacer un _análisis de sangre_ y sacar una _radiografía_, la doctora regresó y le dio a Ernesto las buenas noticias: "No tiene que _quedarse_ en el hospital: no tiene una úlcera ni una _infección_, es una simple indigestión, pero ya sabe: "de grandes cenas están las tumbas llenas[1]".

[1]Proverbio español, significa que no es saludable cenar mucho.

Así se dice

El cuerpo humano

Completa las oraciones con palabras apropiadas de esta sección.

1. El elefante "Dumbo" tiene las _orejas_ muy grandes.

2. Pinocho tiene una _nariz_ muy larga.

3. Para hablar y comer usamos la _boca_.

4. El dentista nos limpia los _dientes_.

5. Para besar usamos los _ojos_.

6. Para ver usamos los _pies_.

7. Para tocar el piano usamos las _manos_, y especialmente los _dedos_.

8. Para levantar pesas usamos los _____.

9. Para correr usamos las _piernas_ y los _brazos_.

Dicho y hecho: Cuaderno de actividades

Así se forma

1. *Usted/Ustedes* commands: Giving direct orders and instructions to others

9-4 Eres médico/a y algunos de tus pacientes tienen problemas. Selecciona y escribe la recomendación apropiada para cada uno en forma de **usted**, según el anuncio siguiente.

MÁS VALE...

Mantenga un comportamiento sexual sano y una higiene adecuada.

Evite el exceso de peso y coma frecuentemente frutas, cereales y legumbres.

No consuma tabaco y respete al no fumador.

Modere su consumo de bebidas alcohólicas.

Consulte al médico en caso de: Aparición de un bulto, llaga o herida que no cicatriza y cambio de color de un lunar o verruga.

Más del 75% de los diferentes tipos de CÁNCER son potencialmente evitables si nos alejamos de sus agentes causantes.

Protéjase durante la exposición al sol.

PREVENIR
QUE LAMENTAR...

1. Pablo Fernández fuma mucho: <u>*Señor Fernández, no consuma…*</u>

_____

2. A María Luisa Roldán le gusta tomar mucho vino y cerveza: _____

_____

3. A Camila Rodríguez le encanta tomar el sol: _____

_____

4. A Francisco Peña le gusta consumir comida "rápida" y comida frita; está un poco

gordo: _____

_____

5. A Lolita Serrano le gusta ir a muchas fiestas y salir con una variedad de compañeros:

_____

_____

(9-5) Tu profesor/a está enfermo/a. Recomiéndale lo que debe y no debe hacer, usando la
forma **usted**.

AR   ER/IR
e   a
en   an

Modelo: trabajar _No trabaje mucho._

1. volver _No volva *vuelva_
2. descansar _No descanse_
3. beber _No beba_
4. tomar _No tome_
5. acostarse _No se n acoste_
6. venir _No vena *Venga_
7. hacer una cita _No hica una cita_
          *Haga

(9-6) Eres el/la gerente (*manager*) de un almacén. Diles a los empleados lo que deben o
no deben hacer.

Modelo: levantarse tarde

No se levanten tarde.

1. llegar al trabajo a tiempo

No lleguen

2. traer su almuerzo o...

No tran *traigan

3. almorzar en la cafetería del almacén

No almuercem

4. fumar en el almacén

No fumen

5. vestirse con ropa profesional

NO, se vestan

6. no salir antes de las cinco de la tarde

No salgan

7. poner la ropa en los estantes *(shelves)* todas las mañanas

No pusan *pomgan

8. hacer su trabajo de una manera eficiente

No hican *hagan

9. ir a la sala de empleados para usar el teléfono

No vaman Vayan

10. hablar conmigo si hay problemas

No hablen

9-7 Como gerente del almacén, debes responder a las preguntas de los empleados. Usa formas de mandato y pronombres para evitar la repetición.

Modelo: ¿Traigo los pantalones ahora?   Sí, <u>tráigalos ahora</u>   .

1. ¿Pongo estos zapatos en esa mesa? No, <u>los ponga en la mesa.</u>

2. ¿Abro esa caja *(box)* de corbatas? Sí, <u>ábrala</u>   .

3. ¿Les muestro los calcetines a estos señores? Sí, <u>muéstreselos</u>   .

4. ¿Le doy a usted este cheque? Sí, <u>démelo</u>   .

5. ¿Hago el inventario ahora? No, <u>lo haga ahora</u>   .

Así se dice

¿Qué nos dice la médica?

9-8 Indica los síntomas para cada una de las siguientes enfermedades de la lista. Puedes repetir síntomas.

cansancio (cansarse)	dolor de estómago	escalofríos	náuseas
congestión nasal	dolor de garganta	estornudar	tos
dolor de cabeza	diarrea	fiebre	vómitos

1. Problemas estomacales y del sistema digestivo: _____

   _____

   _____

2. Gripe: _____

   _____

3. Alergias: _____

4. Resfriado y bronquitis: _____

   _____

Dicho y hecho: Cuaderno de actividades

9-9 Lee el aviso y contesta las preguntas.

1. En la frase, "**pastillas**... para gargantas irritadas...", ¿puedes adivinar lo que significa en inglés la palabra **pastillas**?

   pastillas = _____

2. En la frase, "En deliciosos **sabores** concentrados: Miel-limón, Mentol-eucalipto, Cereza...", ¿qué significa en inglés la palabra **sabores**?

   sabores = _____

3. En la frase, "*Robitussin* **ayuda** a **aliviar** las irritaciones causadas por gripe o resfriado...", ¿qué significan en inglés las palabras **ayuda** y **aliviar**?

ayuda = _____   aliviar = _____

4. ¿Para qué tipo de dolor o irritación son las pastillas de *Robitussin*?

_____

5. ¿Qué sabores ofrecen (*do they offer*)?

_____

6. ¿Cuáles son algunas de las causas de la irritación de garganta?

_____

Así se forma

2. The imperfect: Descriptions in the past

9-10 Indica lo que hacías o no antes, y lo que haces o no ahora, y si es mejor (*better*) o peor (*worse*) para la salud.

1. Antes (comer)... _COMÍA_ .

   Ahora... _como_ .

   ☒ Es mejor para la salud.   ☐ Es peor para la salud.

2. Antes (tomar)... _tomaba_ .

   Ahora... _tomo_ .

   ☐ Es mejor para la salud.   ☐ Es peor para la salud.

3. Antes (dormir)... _dormía_ .

   Ahora... _duerma_ .

   ☐ Es mejor para la salud.   ☐ Es peor para la salud.

4. Antes (pasar)... _pasaba_ .

   Ahora... _paso_ .

   ☐ Es mejor para la salud.   ☐ Es peor para la salud.

9-11 Cuando eras niño/a, ¿qué hacías en verano? ¿Ibas de vacaciones a un lugar específico o te quedabas en casa? Describe tus veranos completando las oraciones con formas del imperfecto de los verbos indicados y más detalles.

Voy a escribir sobre mis veranos en _____ (lugar).

1. Yo siempre (ir a) _iba_

2. Todos los días (jugar en... con...) _jugaba_

3. Muchas veces (mi mamá/papá... hacer/comprar...) _hacía/ compraba_

   _____

4. Frecuentemente nosotros (comer... y beber...) _comíamos/_
   bebíamos

5. Los veranos en _eran_ siempre (ser) _____

   _____

9-12 Ahora, escribe oraciones sobre tus amigos/as y tú cuando tenían doce años, usando los verbos y expresiones indicados.

Cuando teníamos doce años...

Modelo: tener...

   Teníamos bicicletas y monopatines (skateboards) .

1. jugar a... _jugábamos_

2. ver (programas de tele)... _veíamos_

3. escuchar música de... _eschuchábamos_

4. ir a... _íbamos_

5. comer y beber... _comíamos, bebíamos_

6. ser (personalidad)... _éramos_

Así se forma

3. The imperfect vs. the preterit: Talking about and describing persons, things, and actions in the past

9-13 Describe lo que pasaba habitualmente en la vida diaria de esta enfermera y contrasta con algo diferente que pasó ayer. Antes de empezar, responde a estas preguntas:

a. ¿Qué tiempo verbal usamos para describir acciones o eventos habituales en el pasado? _Imperfect_

b. ¿Qué tiempo verbal usamos para hablar de una acción o evento único (*single*) en el pasado? _Preterit_

1. Todas las mañanas la enfermera _hablaba_ (hablar) con los pacientes. Pero ayer no _habló_ (hablar) con nadie porque...

_____

2. Siempre _despertaba_ (despertar) a los pacientes a las seis y media de la mañana. Pero esta mañana los _despertó_ (despertar) a las nueve y media porque... _____

3. Con frecuencia _les tomaba_ (tomarles) la temperatura a los pacientes. Hoy _les tomó_ (tomarles) la presión arterial porque... _____

4. Casi nunca _les ponía_ (ponerles) inyecciones a los pacientes. Pero ayer _le puso_ (ponerle) una inyección a uno porque... _____

_____

5. Normalmente _salía_ (salir) del trabajo a las diez, pero anoche _salió_ (salir) a las ocho porque... _____

_____

9-14 Esta mañana no pudiste hacer nada sin interrupciones. Completa las oraciones con las formas apropiadas del imperfecto (para acciones en progreso) y el pretérito (acción que interrumpe otra).

1. Cuando _dormía_ (dormir), _sonó_ (sonar) el teléfono.

2. Después, el cartero _trajo_ (traer) una carta urgente mientras _tomaba_ (tomar) mi café.

3. Mientras _leía_ (leer) la carta, _llamó_ (llamar) mi jefe para decirme que hoy debo ir más temprano.

4. Después, _____oí_____ (oír) la alarma del edificio cuando

me __duchaba_____ (ducharse).

5. Y cuando __salía_____ (salir) de mi apartamento, con sólo (only) una

toalla, __se cerró_____ (cerrarse) la puerta. Y no tenía llaves...

9-15 Completa la historia con formas de pretérito o imperfecto, según la situación. Recuerda que usamos el imperfecto para descripciones, acciones habituales y acciones en progreso en el pasado y el pretérito para una serie de acciones en secuencia o para acciones que interrumpen otras en el pasado.

1. _____Era_____ (ser) una tarde muy bonita. _____Eran_____ (ser) las cinco de la tarde y todavía _____hacía_____ (hacer) sol.

2. Una niña __caminaba__ (caminar) por el bosque (forest). __llevaba_____ (llevar) una capa roja y una cesta grande con comida para su abuelita. La niña __visitaba_____ (visitar) a su abuelita todos los sábados porque _____estaba_____ (estar) enferma.

3. Mientras la niña __caminaba__ (caminar) por el bosque, un lobo (wolf) la _____vio_____ (ver) y le __preguntó__ (preguntar): "¿Adónde vas?" La niña __respondió__ (responder): "Voy a visitar a mi abuelita, que está enferma" El lobo le _____dijo_____ (decir): "¿Por qué no le llevas unas flores del bosque?"

4. Mientras la niña __buscaba__ (buscar) unas flores para su abuelita, el lobo _____llegó_____ (llegar) a la casa de la abuela, __entró__ (entrar) fingiendo ser la niña y _____se comió__(comerse) a la abuelita. Después, __se puso_____ (ponerse) ropa de abuelita y __se acostó__ (acostarse) en su cama para esperar a la niña.

5. Unos minutos más tarde, la niña __entró_____ (entrar) en la casa, pero ¡su abuelita _____tenía_____ (tener) las orejas, la nariz y la boca enormes! La niña _____salió_____ (salir) de la casa corriendo y gritando.

6. Un leñador la _____oyó_____ (oír), __capturó__ (capturar) al lobo y _____sacó_____ (sacar) a la abuelita. Y todos, excepto el lobo, _____fueron_____ (ir) a tomar un rico té en casa de la abuelita.

Repaso general

9-16 Contesta las preguntas con oraciones completas.

1. Cuando eras niño/a, ¿quién era tu médico/a? ¿Cómo era? ¿Te enfermabas con frecuencia?

   _____

2. ¿Te preocupa la salud? ¿Qué haces para estar sano/a (*healthy*) y evitar problemas de salud?

   _____

3. ¿Qué le aconsejas a alguien que tiene gripe? Usa formas de mandato de Ud.

   _____

4. ¿Qué parte de tu cuerpo es tu favorita? ¿Por qué?

   _____

5. ¿Qué hacías cuando estabas en la escuela secundaria que no haces ahora? Escribe varios ejemplos.

   _____

9-17 En una hoja de papel aparte, escribe un párrafo narrando el mejor (*best*) o el peor (*worst*) día que tuviste el año pasado. Primero describe la situación: dónde estabas, qué estación era y qué tiempo hacía. Después, en tu narración describe las personas y situaciones y cuenta (*tell*) los eventos del día.

Check your answers with those given in the *Answer Key* and make all necessary corrections with a pen or pencil of a different color.

CAPÍTULO 10 Así es mi casa

Así se dice

Así es mi casa

10-1 ¿A qué se refieren estas descripciones?

Modelo: Lugar para sentarse, generalmente en la sala, es largo.
<u>el sofá</u>

1. El aparato que da luz. Lo ponemos en la mesa o en el escritorio. _____

2. En la cocina, el aparato que conserva la comida a baja temperatura. _____

3. Una silla muy grande y confortable. _____

4. El mueble donde dormimos. _____

5. El lugar de la casa donde hacemos fuego cuando hace frío. _____

6. El cuarto donde dormimos. _____

7. Lo que divide o separa los cuartos de la casa. _____

8. El cuarto donde comemos, especialmente en ocasiones formales. _____

9. En el baño, lugar para lavarse las manos y la cara. _____

10. El lugar donde estacionamos el carro. _____

11. Cristal en el que se reflejan los objetos. _____

12. La parte de la casa que la cubre (*covers it*) y la protege de la lluvia. _____

13. Una fotografía o imagen grande que ponemos en la pared. _____

14. El cuarto donde nos relajamos, hablamos con nuestros amigos o vemos la tele.

    _____

15. El mueble con cajones (*drawers*) donde guardamos calcetines, ropa interior, camisetas,

    etc. _____

16. Lo que ponemos en el suelo para cubrirlo o decorarlo. _____

17. El mueble donde guardamos libros, etc. _____

18. Lo que usamos para subir del primer piso al segundo. _____

19. El cuarto donde cocinamos. _____

20. Puedes lavar los platos a mano aquí (a), o puedes lavarlos en esta máquina (b).

a. _____   b. _____

Así se dice

Una mesa elegante

10-2 Primero, escribe el nombre del objeto. Luego, escribe dos palabras (bebidas, comidas, etc.) que asocias con el objeto.

Modelo: <u>la copa</u>
      <u>el vino</u>
      <u>el champán</u>

1.
_____
_____
_____

2.
_____
_____
_____

3.
_____
_____
_____

4.
_____
_____
_____

5.
_____
_____
_____

6.
_____
_____
_____

Así se dice

En nuestra casa

10-3 Completa las oraciones con palabras de esta sección para saber cómo es el apartamento de José.

1. No tengo mi propia (*my own*) casa, por eso debo _____ un apartamento.

2. Es muy pequeño y no tengo muchos _____, pero el sofá (que es mi cama también) es muy cómodo. Además tiene ventanas grandes y hay mucha _____.

3. Para lavar la ropa, tenemos una _____ y una _____ en el sótano. Es muy conveniente, puedo _____ al sótano, _____ la lavadora y regresar a mi apartamento.

4. Vivo en el primer piso, por eso estoy acostumbrado al _____ de los coches y la gente que pasa.

5. Hay un _____ con muchas flores y plantas frente al edificio.

6. Además, mis _____ son muy simpáticos y amables. Siempre me _____ cuando tengo algún problema.

7. En definitiva, me gusta mucho este lugar y no tengo deseos de _____.

Así se dice

Los quehaceres domésticos

10-4 ¿Qué quehaceres asocias con estos lugares de la casa? Piensa en al menos (*at least*) dos quehaceres para cada lugar y no los repitas.

1. El comedor: _____

2. La cocina: _____

3. Los dormitorios: _____

4. El exterior de la casa y el jardín: _____

10-5 ¿Qué aparatos electrodomésticos nos ayudan en estos quehaceres?

1. Hacer la comida _____, _____, _____

2. Lavar los platos _____

3. Lavar y secar la ropa _____, _____

4. Limpiar las alfombras _____

10-6 ¿Qué hiciste en el apartamento antes de la llegada de tu novio/a? Combina elementos de la columna **A** y la columna **B**. Luego, escribe oraciones completas en el orden de las actividades.

A	B
1. pasar	las camas
2. hacer	los platos sucios
3. sacar	a preparar la cena
4. lavar y secar	la mesa
5. poner	el estéreo
6. apagar	la basura
7. prender	el televisor
8. empezar	la aspiradora

1. Primero, pasé la aspiradora. _____

2. Después, _____

3. _____

4. _____

5. _____

6. _____

7. _____

8. _____

Dicho y hecho: Cuaderno de actividades

10-7 Lee el siguiente anuncio y luego contesta las preguntas.

Electrodomésticos San Rafael

Venga y visite el centro más grande de electrodomésticos en San Rafael de Dos Ríos. Le ofrecemos todo lo que su hogar requiere. Contamos con la más amplia variedad de:

Lavadoras
Secadoras
Refrigeradores
Microondas
Hornos
Lavaplatos

Cafeteras eléctricas
Tostadores
Extractores de jugo
Licuadoras
Batidoras
Aspiradoras

...y cualquier aparato eléctrico imaginable para sus necesidades en el hogar.
Llámenos, escríbanos o visítenos.

Calle Santa Lucía 165,
Teléfono 231-777-0909
Correo electrónico electrodomesticos@ole.com

1. Las batidoras son aparatos eléctricos que mezclan (*mix*) los ingredientes para hacer pasteles, pan, etc. ¿Cuál es el equivalente en inglés?

   _____

2. Si te gusta tomar café, ¿qué debes comprar? _____

3. Te gusta el pan tostado. ¿Qué debes comprar? _____

4. ¿Qué electrodoméstico necesitas para licuar unos tomates?

   _____

5. Tu mejor amigo/a compra una nueva casa. ¿Qué electrodoméstico le puedes comprar como regalo y por qué?

   _____

   _____

Así se forma

1. Giving orders and advice to family and friends: *Tú* commands

A. Affirmative *tú* commands

10-8 Una abuela le da consejos (*advice*) a su hijo, quien acaba de tener su primer niño. ¿Qué debe hacer él para ser buen padre? Escribe un mandato de **tú** con cada verbo y termina las oraciones.

Modelo: Abrazarlo...

<u>Abrázalo frecuentemente.</u>

1. pasar tiempo con él...

   _____

2. jugar...

   _____

3. leerle...

   _____

4. enseñarle...

   _____

5. tener paciencia...

   _____

6. decirle...

   _____

B. Negative *tú* commands

10-9 Según las declaraciones de tu compañero/a de apartamento, dile lo que *no* debe hacer. Escribe un mandato negativo en la forma de **tú**. Escoge el verbo apropiado de la lista y usa pronombres para evitar la repetición.

comer	devolver	abrir	lavar	tomar	usar

Modelo: El estéreo no funciona.

<u>No lo uses</u> .

1. Hace más de un mes que el pollo frito está en el refrigerador.

   _____

2. Las cervezas que están en el refrigerador son un regalo para mi papá.

   _____

3. Quiero ver otra vez el video que alquilamos.

   _____

4. La ropa que está encima de la lavadora está limpia.

   _____

5. Hay una caja (box) en la sala, es un regalo para Joaquín.

   _____

10-10 Indícale a tu amigo lo que debe y no debe hacer para sacar buenas notas en la universidad. Escribe un mandato negativo y otro afirmativo.

   Modelo: volver a la residencia...

   No vuelvas tan tarde   .

   Vuelve antes de las once de la noche   .

1. levantarte...

   No _____. _____.

2. apagar...

   No _____. _____.

3. poner...

   No _____. _____.

4. ir...

   No _____. _____.

5. trabajar...

   No _____. _____.

Así se forma

2. Saying what has/had happened: Perfect tenses
A. The present perfect

10-11 Elena va a pasar la tarde con Carmencita, la hija de su amiga. Para planear las actividades que van a hacer, le pregunta a Carmencita qué cosas ya ha hecho. Forma las preguntas que Elena le hace a la niña. Por último, decide cuál es la respuesta probable de la niña.

Modelo: ver la película *Toy Story 3*

¿Has visto la película *Toy Story 3*? ☐ Probable ☐ Improbable

1. ir al parque de atracciones (*amusement park*)

   _____ ☐ Probable ☐ Improbable

2. ver un elefante en el zoológico

   _____ ☐ Probable ☐ Improbable

3. comer en un restaurante guatemalteco

   _____ ☐ Probable ☐ Improbable

4. visitar el Museo de Artes

   _____ ☐ Probable ☐ Improbable

5. bailar el tango

   _____ ☐ Probable ☐ Improbable

6. hacer burbujas (*bubbles*)

   _____ ☐ Probable ☐ Improbable

10-12 Una niña tenía que hacer ciertas cosas que le pidió su madre. Escribe las preguntas de la madre y las respuestas de la niña. Usa pronombres directos cuando sea posible.

Modelo: ordenar tu cuarto

MADRE: ¿Has ordenado tu cuarto?

NIÑA: Sí, lo he ordenado.

cepillarte el pelo

MADRE: ¿Te has cepillado el pelo?

NIÑA: No, no me lo he cepillado.

1. sacar la basura

MADRE: _____

NIÑA: _____

2. hacer la cama

MADRE: _____

NIÑA: _____

3. terminar los ejercicios de matemáticas

MADRE: _____

NIÑA: _____

4. lavarte las manos

MADRE: _____

NIÑA: _____

5. cepillarte los dientes

MADRE: _____

NIÑA: _____

6. ponerte los zapatos

MADRE: _____

NIÑA: _____

¿Es obediente la niña?   ☐ Sí   ☐ No

B. The past perfect

10-13 Las siguientes personas hablan de su viaje (*trip*) a España. ¿Qué cosas no habían hecho antes del viaje? Crea oraciones usando el pasado perfecto y el vocabulario indicado.

Modelo: Carlos / nunca ver...

 Carlos nunca había visto una corrida de toros (bullfight).

el museo de Picasso	euros	sangría	una paella

1. mis amigos / nunca comer...

_____

2. nosotros / nunca visitar...

_____

3. tú / nunca tomar...

_____

4. yo / nunca usar...

_____

10-14 Ayer tu amigo Fernando y tú hicieron una fiesta fantástica en su apartamento. ¿Qué habían hecho ustedes antes de la fiesta para tener todo perfecto? Escribe oraciones usando los verbos indicados.

Antes de la fiesta...

Modelo: nosotros / ordenar

 ...habíamos ordenado la sala y los cuartos.

1. yo / limpiar _____

2. Fernando / comprar _____

3. Fernando y su novia / cocinar _____

4. nosotros / preparar _____

5. yo / prender _____

Copyright © 2012 John Wiley & Sons, Inc.

Así se forma

4. Comparing and expressing extremes: Comparisons and superlatives
A. Comparisons of equality

10-15 Completa las oraciones con comparaciones de igualdad en la conversación de estos dos compañeros. Usa las expresiones de la lista.

tan... como	tanto/a/os/as... como	tanto como

LUIS: Este semestre ha sido imposible. No sé cómo voy a sobrevivir (*survive*) los exámenes finales.

ARMANDO: Pues, en mis clases daban _____ tarea y

_____ pruebas como en las tuyas, pero mis

profesores no son _____ estrictos

_____ los tuyos.

LUIS: Sí, no es justo. Yo estudio _____

_____ tú y mis notas casi siempre son más bajas.

ARMANDO: Es cierto que trabajas _____

_____ yo, o aun más que yo.

LUIS: Estoy preocupado porque el examen de química va a ser

_____ difícil _____ el

de física, ¡y los dos son el mismo día!

ARMANDO: Pues, mi problema es que tengo _____

exámenes finales _____ tú y no he empezado

a estudiar. Pero en este momento creo que no debemos preocuparnos de

los exámenes ni de las notas. ¿Quieres ir al cine esta noche?

B. Comparisons of inequality

10-16 Compara las dos casas que están en venta. Usa comparaciones de desigualdad (**más/menos...**) y comparaciones de igualdad según la situación.

A.

> **SE VENDE CASA**
> Excelente ubicación, a dos cuadras de la universidad. 4 dormitorios, 2 baños, 2 salas, cocina, comedor, garaje doble, terraza, jardín.
> Área: 600 m²
> $250.000 US   Informes: 234-1622

B.

> **Se vende casa**
> Excelente ubicación, a tres cuadras de la Universidad Nacional. 3 dormitorios, 2½ baños, 2 salas, cocina, comedor, garaje doble, terraza, jardín. Área: 525 m²
> $175.000 US   Informes: 234-1622

1. (estar / cerca)

   La casa A _____ _____ _____ de la universidad

   _____ la casa B.

2. (tener / habitaciones)

   La casa A _____ _____ _____ _____ la casa B.

3. (tener / baños)

   La casa A _____ _____ _____ _____ la casa B.

4. (tener / salas)

   La casa A _____ _____ _____ _____ la casa B.

5. (ser / grande)

   El garaje de la casa A _____ _____ _____ _____
   el garaje de la casa B.

6. (ser / grande)

   La casa A _____ _____ _____ _____ la casa B.

7. (ser / cara)

   La casa A _____ _____ _____ _____ la casa B.

10-17 ¿Qué recomiendas o no recomiendas a tus amigos? Escribe oraciones completas acerca de estas cosas usando formas de superlativo.

Modelo: un restaurante barato

El restaurante más barato es Taco Bell.

1. un profesor muy aburrido _____.

2. una clase muy fácil _____.

3. un restaurante muy malo _____.

4. una actividad muy divertida _____.

5. un programa de televisión muy interesante _____.

6. un CD muy bueno _____.

Repaso general

10-18 Contesta las preguntas con oraciones completas.

1. ¿Qué cosas interesantes habías hecho antes de venir a esta universidad?

_____

2. ¿Habías estudiado español antes de venir a esta universidad?

_____

3. ¿Qué cosas interesantes has hecho este semestre/ trimestre?

_____

4. ¿Tomas tantas clases este semestre/ trimestre como en el anterior?

_____

5. ¿Es tu clase de español más o menos difícil que tus otras clases?

_____

6. ¿Has visto una película interesante recientemente? ¿Cuál?

_____

7. En tu opinión, ¿cuál es la mejor película del año?

_____

8. ¿Cuál de los quehaceres domésticos te disgusta (*you dislike*)más hacer? ¿Hay alguno que sí te gusta hacer?

_____

10-19 En una hoja de papel aparte, escribe un párrafo describiendo la casa de tu familia o la casa ideal que quieres tener en el futuro. Imagina dónde está, cómo es (el interior y el exterior), los muebles que hay, tu lugar favorito, etc. Incluye el mayor número de detalles posible.

Modelo: _La casa de mi familia/ Mi casa ideal está..._

Check your answers with those given in the *Answer Key* and make all necessary corrections with a pen or pencil of a different color.

11 Amigos y algo más

Así se dice

Amigos y algo más

11-1 ¿A qué cosas o eventos se refieren estas descripciones?

Modelo: Congregarse, verse en un lugar. <u>reunirse</u>

1. El viaje de los recién casados es _____ de _____.

2. Cuando una pareja decide casarse y el hombre le regala un anillo a la mujer.
   _____

3. Antes de dar a luz a un bebé, una mujer está _____.

4. La reunión de dos personas a una hora predeterminada. _____

5. Lo que hacemos cuando estamos tristes y líquido sale de los ojos.
   _____

6. El acto de llegar al mundo. _____

7. Lo contrario de nacer. _____

8. El acto oficial de unirse dos personas. _____

9. Casamiento y fiesta que lo solemniza. _____

10. Despertarse en uno el sentimiento y la pasión del amor. _____

11. Sentir la ausencia de una persona. _____

12. El acto de traer la madre un bebé al mundo. _____

11-2 **Las etapas de la vida.** Indica en qué etapa de la vida están estas personas.

Modelo: Raúl, tres días <u>Es un bebé, está en la infancia.</u>

1. Andrea, 45 años _____

2. Alberto, 16 años _____

3. Nuria, 10 años _____

4. Teresa, 74 años _____

5. Joaquín, 8 meses _____

11-3 Lee la noticia sobre una boda que ocurrió en un puente (*bridge*) fronterizo (*border*) entre México y los Estados Unidos. Luego, contesta las preguntas con oraciones completas.

Boda en puente fronterizo entre México y EE.UU.

NUEVO LAREDO, MÉXICO, ABRIL 28

Para demostrar que al amor no lo detienen fronteras, dos jóvenes van a casarse hoy, con mariachis y todo, en medio del puente internacional que une la ciudad norteamericana de Laredo y la mexicana de Nuevo Laredo.

Los protagonistas son Mark Felder, norteamericano de 21 años que vive en Laredo, y María Elena Gutiérrez, mexicana de 16 años que vive en Nuevo Laredo y que va a llegar a la mitad del puente con el típico y largo vestido blanco.

El origen de este hecho está en que, como María Elena es menor, necesita la presencia de sus padres para casarse en Laredo, pero las autoridades estadounidenses les niegan visas a ella y toda su familia.

A su vez, como la jovencita pretende vivir con su esposo en Laredo, la boda tiene que ser del lado estadounidense. De esa manera, el consulado en Nuevo Laredo autorizó el casamiento en la frontera del puente y será reconocido por las autoridades norteamericanas.

Ahora, sí que un mínimo paso en falso... y tendrán que vivir del lado mexicano.

1. ¿Qué significan las siguientes palabras?

   demostrar = _____   presencia = _____

   detienen = _____   autoridades = _____

   une = _____   autorizó = _____

2. ¿Quiénes son los protagonistas de esta noticia?

   _____

3. ¿De qué nacionalidad es él? ¿Y ella?

   _____

4. ¿Cuántos años tiene él? ¿Y ella?

   _____

5. ¿Pueden los padres de María Elena obtener visas para entrar a los EE.UU.?

_____

6. ¿Autorizó el consulado el casamiento en la frontera?

_____

7. ¿Qué simboliza el acto de casarse en la frontera entre dos países? ¿Te gusta la idea?

_____

Así se dice

Hablando del amor

11-4 Completa la descripción de Damián y Lola con palabras o expresiones de la lista.

acordarse de	olvidarse de	tener celos
amor a primera vista	quejarse	tratar de
cariñoso/a	reírse de	viudo/a
comprensivo/a	soltero/a	mentir

1. Damián era _____. Su esposa había muerto (*had died*) hacía dos años.

2. Lola era _____. Nunca se había casado.

3. Cuando los dos se conocieron (*met each other*), fue _____.

4. Damián es un marido ideal. Siempre _____ las fechas importantes, como el cumpleaños de Lola.

5. No _____ cuando Lola va de compras y gasta mucho dinero.

6. Lola también es ejemplar. Siempre _____ los chistes (*jokes*) de Damián.

7. No se enoja cuando Damián _____ lavar los platos.

8. No _____ cuando Damián dice que las amigas de Lola son muy guapas.

9. Ella es muy _____. Siempre le gusta abrazar a Damián.

10. Él es muy _____. Entiende los sentimientos de ella.

11. Los dos son sinceros, nunca _____. Y _____ resolver los problemas, no ignorarlos.

Así se forma

1. Introduction to the subjunctive mood: Expressions of will, influence, desire and request

A. Introduction: Present subjunctive forms

11-5 El gerente *(manager)* del restaurante donde trabajas les está dando instrucciones a los empleados. Describe lo que les pide usando formas del presente subjuntivo de los verbos indicados.

Modelo: Tienen que limpiar todos los cuchillos.

Nos pide que limpiemos todos los cuchillos .

1. Deben saber el menú completo.

Nos pide que _____ .

2. Tienen que poner las mesas con atención al detalle.

_____.

3. Tienen que traer los platos más rápido.

_____.

4. Deben llenar las copas de agua.

_____.

5. Deben llegar temprano.

_____.

6. No pueden salir a la calle.

_____.

7. Tienen que ir a sus mesas frecuentemente.

_____.

Dicho y hecho: Cuaderno de actividades

11-6 Hay una persona en tu clase que le gusta mucho a tu amigo/a. Ofrécele algunos consejos para conquistar a esa persona usando la expresión **Es buena idea** *(It´s a good idea)* y el presente subjuntivo de los verbos indicados.

> **Modelo:** tú - sentarse _Es buena idea que te sientes junto a ella._

1. tus amigos - preguntarle si tiene...

   _____.

2. yo - invitarlo/la a...

   _____.

3. tú – ir...

   _____.

4. tú - pedirle...

   _____.

5. tus amigos – decirle...

   _____.

6. tú – darle...

   _____.

7. ¿...?

   _____.

Así se forma

B. The subjunctive with expressions of will, influence, desire, and request

11-7 Imagina que dos amigos tuyos están muy furiosos el uno con el otro a causa de un desacuerdo (*disagreement*). Tú les recomiendas que hagan ciertas cosas.

Modelo: llamarse

Les recomiendo que se llamen.

1. pensar en las causas del problema

   _____

2. reunirse

   _____

3. hablarse y escucharse

   _____

4. ser flexibles

   _____

5. decir la verdad

   _____

6. ¿...?

   _____

11-8 Imagina que un amigo tuyo tiene problemas académicos muy serios.
¿Qué le recomiendas que haga? Escribe seis oraciones como el modelo, combinando
los verbos con las actividades.

Modelo: recomendarte / estudiar más

Te recomiendo que estudies más.

Verbos   **Actividades**

recomendar   hacer...   acostarte...

sugerir   pedirle ayuda a...   asistir a...

decir   no salir...   ¿...?

aconsejar

1. _____

2. _____

3. _____

4. _____

5. _____

6. _____

11-9 ¿Qué quieres en una pareja *(romantic partner)*? Usa las expresiones del cuadro para indicar tus deseos. Elabora tus ideas o añade más detalles.

> Quiero que... Es importante que... No es importante que... No quiero que...

Modelo: **ser cómico** No es importante que sea cómico, pero no quiero que sea serio tampoco.

1. tener muy buenas notas/ un buen trabajo

_____

2. ganar mucho dinero

_____

3. ser amable

_____

4. llevarse bien con su familia

_____

5. tener muchos amigos

_____

6. gustarle la música

_____

7. saber tocar un instrumento

_____

8. hacer deporte

_____

9. ir a la iglesia frecuentemente

_____

10. ¿...?

_____

Así se dice

Para estar en contacto: Las llamadas telefónicas

11-10 Completa con palabras adecuadas de esta sección.

1. Cuando una persona no está en la casa, otra persona le deja esto en un papel.

_____

2. Lo que se dice en muchos países al contestar el teléfono. _____

3. Los primeros tres números del número de teléfono. _____

4. El teléfono que se puede usar desde el coche, la playa, etc. _____

5. El libro grande que contiene los números de teléfono. _____

Así se forma

2. The subjunctive with expressions of emotion

11-11 Tu amiga Leticia se va a casar muy pronto y está un poco nerviosa por la boda. Reacciona a sus comentarios con las expresiones de abajo.

> Siento mucho que...   Me alegro de que...   Espero que...   Ojalá que...

Modelo: Mi tía está enferma y no puede asistir.
  Siento mucho que tu tía esté enferma y no pueda asistir.

1. A mis damas de honor (*bridesmaids*) no les gustan sus vestidos.

_____.

2. Mi grupo favorito va a tocar en la recepción.

_____.

3. La torta es muy delicada y se puede romper.

_____.

4. La madre de mi novio quiere regalarme sus pendientes de diamantes.

_____.

5. Mi novio no es muy puntual, siempre llega tarde a las citas.

_____.

6. ¡Quiero divertirme!

_____.

11-12 Lidia les manda un mensaje electrónico a sus amigos. Lee el mensaje y contesta las preguntas.

De:	Lidia@ole.com
Para:	Elena@ole.com, Pablo@ole.com, Anita@ole.com
CC:	
Asunto:	llegada de Renato

Queridos amigos:
¡Estoy de buen humor hoy! Hace sol y Renato llega esta tarde. ¡Se queda por una semana! ¡Qué alegría! Quiero que lo conozcan. ¿Pueden venir a casa mañana para cenar? ¿A las siete? Espero que sí. Avísenme, por favor.

Abrazos,
Lidia

1. ¿De qué se alegra Lidia? (Menciona tres cosas.)

_____

_____

2. ¿Qué quiere Lidia? (Menciona una cosa.)

_____

3. ¿Qué espera Lidia? (Menciona una cosa.)

_____

11-13 ¿Qué piensan las siguientes personas sobre ti? Escribe oraciones sobre las cosas que les gustan, sorprenden, etc.

Modelo: A mi amigo/a _____ / sorprender

A mi amiga Laura le sorprende que yo me

levante a las 6 de la mañana.

1. A mi mejor amigo/ encantar

_____.

2. A mi amigo/a _____ / no gustar

_____.

3. A mis padres / molestar

_____.

4. A mis amigos / sorprender

_____.

5. A mi amigo/a _____ / fascinar

_____.

11-14 ¿Cómo va tu semestre? Escribe oraciones expresando tus sentimientos sobre la universidad, tus clases, actividades, etc.

Modelo: Es una lástima que... **no tengamos más vacaciones.**

1. Es fantástico que... _____.

2. Es ridículo que... _____.

3. No es justo que... _____.

4. Es horrible que... _____.

5. Es increíble que... _____.

(11-15) Completa estas oraciones usando **que** + presente de subjuntivo o el infinitivo, según sea apropiado.

Modelo: Arturo no tiene buenos amigos.

A Arturo le molesta _no tener buenos amigos._

1. Mi novio y yo no podemos ir a tu fiesta.

   Sentimos mucho _____.

2. ¡Ana está embarazada!

   Me alegra muchísimo _____.

3. Javier y Marta van a romper su compromiso *(engagement)*.

   A todos nos sorprende _____.

4. Marta y yo somos hermanas gemelas. *(twin)*

   A nosotras nos fascina _____.

5. Voy a estudiar más.

   Mis padres esperan _____.

6. Yo escucho la música muy alta *(loud)*

   A mis vecinos les molesta _____.

Así se forma

3. The future and the conditional: Talking about what will and would happen

A. Talking about what will happen: the future tense

(11-16) Completa el diálogo entre Roberto y la señora Porvenir, quien lee el futuro en la palma de la mano.

ROBERTO: Señora, ¿cuándo (conocer) _____ a la mujer de mi vida?

SEÑORA PORVENIR: Usted la (conocer) _____ en tres meses.

ROBERTO:	Ah, ¿sí? Y ¿de dónde (ser) _____ ella?
SEÑORA PORVENIR:	(Venir) _____ de un país de Europa del este.
ROBERTO:	¡Qué interesante! Y ¿(tener) _____ mucho dinero?
SEÑORA PORVENIR:	Ella le (parecer) _____ pobre, pero en realidad (trabajar) _____ para una empresa muy grande.
ROBERTO:	Y sus padres, ¿(vivir) _____ cerca?
SEÑORA PORVENIR:	No, pero usted los (invitar) _____ a vivir en la casa con ustedes.
ROBERTO:	Señora, ¿(ser) _____ yo feliz?
SEÑORA PORVENIR:	Sí, sin duda, ustedes dos (enamorarse) _____ intensamente.

¿La señora le da buenas noticias a Roberto?

☐ Sí   ☐ No

11–17 Estás preparando tu boda o, si prefieres no casarte, una fiesta para celebrar tu unión a tu pareja. Responde a las preguntas sobre celebración usando formas del futuro de los verbos subrayados en la pregunta.

Modelo: ¿Dónde van a celebrar la boda/ la fiesta?
<u>La celebraremos en una playa de Florida.</u>

1. ¿Cómo va a <u>ser</u> la ceremonia?

   _____.

2. ¿Qué ropa vas a <u>ponerte</u>?

   _____.

3. ¿Cuántas personas van a <u>venir</u>?

   _____.

4. ¿Qué comida van a <u>tener</u>?

_____.

5. ¿Qué tipo de música van a <u>poner</u>?

_____.

6. ¿Adónde van a <u>hacer</u> su viaje de luna de miel?

_____.

11-18 ¿Cómo imaginas tu futuro? Describe estos aspectos de tu vida con varios detalles. Usa tres o cuatro verbos para cada aspecto.

Modelo: los amigos

<u>Tendré</u> pocos, pero <u>serán</u> buenos amigos y muy fieles. <u>Nos reuniremos</u> frecuentemente y <u>nos divertiremos</u> juntos.

1. la pareja

_____

_____

2. la familia

_____

_____

3. el trabajo

_____

_____

4. la casa

_____

_____

5. el tiempo libre y las vacaciones

_____

_____

B. Talking about what would happen: The conditional

(11-19) Margarita ha roto con su novio Andrés, que ahora está muy decepcionado (*disappointed*). Usando el condicional, escribe lo que dice Andrés sobre Margarita. Presta atención a la posición de los pronombres, si los hay.

Modelo: decir que / ser fiel _Me dijo que sería fiel._

1. decir que/ quererme siempre _____

2. prometer que/ decirme siempre la verdad _____

3. prometer que/ casarse conmigo _____

4. decir que/ (nosotros) tener hijos _____

5. decir que/ hacer cualquier cosa por mí _____

6. decir que/ ser felices para siempre _____

(11-20) Tus amigos siempre te piden consejo (*advice*). Diles qué harías en estas situaciones usando formas del condicional de uno de los verbos indicados.

Modelo: Es el aniversario de boda de mis padres. (regalar)

Yo les regalaría un certificado para un restaurante.

1. He conocido a un chico muy guapo en mi clase de español. (decir)

_____.

2. Mi novia ha roto conmigo. (llorar)

_____.

3. El/la hermano/a de tu mejor amigo quiere salir contigo. (preguntar)

_____.

4. Mis amigos van a ir al cine esta noche pero yo tengo un examen mañana. (salir)

_____.

5. Es mi cumpleaños el sábado. (hacer)

_____.

Repaso general

11-21 Contesta las preguntas con oraciones completas.

1. ¿Cuándo se conocieron tú y tu mejor amigo/a?

_____

2. ¿Se llevan bien siempre, o a veces tienen conflictos?

_____

3. ¿Qué cosas le recomiendas a una estudiante que acaba de llegar a la universidad?

_____

4. ¿Qué quieres que hagan o que no hagan tus amigos/as?

_____

5. ¿Qué es fantástico que haga (o no haga) tu compañero de cuarto?

_____

6. ¿Qué harás este fin de semana?

_____

7. Ahora imagina que el dinero no es problema, ¿qué harías este fin de semana?

_____

11-22 Para muchas personas la amistad es lo más valioso (*valuable*) en la vida. Imagina que vas a vivir a otra ciudad donde no conoces a nadie, ¿qué harías para hacer amigos? ¿Dónde irías? ¿Qué dirías? En una hoja de papel aparte, escribe un párrafo al respecto.

Check your answers with those given in the *Answer Key* and make all necessary corrections with a pen or pencil of a different color.

CAPÍTULO 12 Vive la naturaleza

Así se dice

Vive la naturaleza

12-1 ¿A qué se refieren estas descripciones?

Modelo: Viaje de recreo por mar. <u>el crucero</u>

1. Animal grande y rápido en el que montan las personas. _____

2. Bolsa para dormir durante una acampada. _____

3. Ondas de agua en el mar. Son necesarias para hacer *surf*. _____

4. Tipo de barco inflable que se usa para el descenso de ríos. _____

5. Interesante, apasionante. _____

6. Lo necesitamos para cocinar cuando acampamos. _____

7. Los niños la usan para construir castillos en la playa. _____

8. Vehículo flotante grande que puede transportar personas y cosas.

   _____

9. Arriesgado (*risky*). _____

10. Pequeña vivienda portátil, de tela, para acampar. _____

11. Tiempo de descanso de la escuela o el trabajo. _____

12. Animal que vive en los ríos o en el mar. _____

12-2 Completa con 3 nombres de elementos de la naturaleza que pertenecen a cada categoría.

1. Agua: <u>el océano</u>, _____, _____,

   _____.

2. Tierra: _____, _____, _____.

3. Aire: _____, _____, _____.

12-3 Escribe nombres de al menos (*at least*) 3 actividades que se practican en:

1. el agua: _____

2. la tierra: _____

12-4 Contesta las preguntas con oraciones completas.

1. ¿A qué lugares te gusta o te gustaría ir de vacaciones?

   _____

2. ¿Qué actividades te gusta hacer cuando estás de vacaciones?

   _____

3. ¿Te gustaría escalar una montaña? Explica por qué.

   _____

4. ¿Te gustan más las montañas, las playas o las ciudades para pasar las vacaciones?

   _____

5. ¿Te gusta acampar? ¿Y hacer *surf*?

   _____

12-5 Lee el aviso y contesta las preguntas en la página WB 152.

Rocky Mountain National Park

(Parque Nacional de las Montañas Rocosas)
Colorado

**Servicio Nacional de Parques
Departamento del Interior de EE.UU.**

A caballo

Se pueden alquilar caballos y **contratar guías** en dos lugares al este del parque, así como en un gran número de **caballerizas** al este y al oeste, fuera de los límites del parque, durante la estación **veraniega**.

Campamentos

Los cinco campamentos del parque situados en Moraine Park, Glacier Basin, Aspenglen, Longs Peak y Timber Creek proveen la manera más **agradable** de **familiarizarse** con el Parque Nacional de las Montañas Rocosas. En Longs Peak el límite de duración de acampar es tres días, en los demás campamentos, siete. En Glacier Basin se pueden reservar zonas de acampar para grupos. En Longs Peak sólo se puede acampar en tiendas de campaña. Sólo se permite hacer fuego en las parrillas de los campamentos y lugares de descanso.

Pesca

En los arroyos y lagos del Parque Nacional de las Montañas Rocosas se encuentran cuatro **especies** de **trucha**: *rainbow, German brown, brook* y *cutthroat*. A pesar de que en estas aguas frías no hay peces muy grandes, sin duda disfrutará del maravilloso paisaje de montaña que lo rodeará mientras pesca.

Alpinismo

Para el alpinista el Parque Nacional de las Montañas Rocosas ofrece una variedad de dificultosos **ascensos** durante todo el año... Para los que no son alpinistas profesionales, pero les gustaría vivir la experiencia de llegar a la cumbre de una montaña, Longs Peak es la solución. En julio, agosto y parte de septiembre, la **ruta** a través de Keyhole puede subirse sin un **equipo técnico** de alpinismo. Aunque no se necesita un equipo técnico, el largo ascenso de Longs Peak es difícil. El **incremento** en altura es de 1,433 metros (4,700 pies), y los 24 kilómetros (16 millas) de ida y vuelta de la escalada pueden llevar alrededor de unas doce horas.

1. Las siguientes palabras aparecen en negrilla (*boldface*) en la descripción del Parque Nacional, página WB 151. Examina cada palabra dentro del contexto de la oración y escribe el equivalente en inglés.

   español   **inglés**

   contratar = _____

   guías = _____

   caballerizas = _____

   veraniega = _____

   agradable = _____

   familiarizarse = _____

   especies = _____

   trucha = _____

   ascensos = _____

   ruta = _____

   equipo técnico = _____

   incremento = _____

2. ¿Durante qué estación se pueden alquilar caballos?
   ☐ otoño   ☐ verano

3. Si quieres acampar en grupo, ¿en cuál de los campamentos debes reservar una zona de acampada?
   ☐ Glacier Basin   ☐ Longs Peak

4. ¿Cuántas especies de truchas se encuentran en el Parque Nacional?

   _____

5. ¿Cuántas horas se necesitan para escalar (ida y vuelta) Longs Peak?

   _____

6. ¿Cuántas millas tiene la escalada (ida y vuelta)?

   _____

7. ¿Cuál de las actividades mencionadas te parece la más interesante?

   _____

Así se dice

Aventuras al aire libre

12-6 Vas de vacaciones al campo. Describe las cosas que ves.

1. Un animal grande que nos da leche.   _____

2. Lo que le gusta comer a una vaca.   _____

3. Un animal de granja que pone huevos.   _____

4. Tiene ocho patas (*legs*) y hace telarañas (*cobwebs*).   _____

5. Un insecto muy bonito con alas (*wings*) de colores.   _____

6. Un reptil largo y a veces venenoso.   _____

7. Un animal que vuela en el cielo.   _____

8. Un insecto muy molesto que pica (*bites*).   _____

9. Fenómeno eléctrico durante una tormenta.   _____

10. Máquina para sacar fotos.   _____

Así se forma

1. *Para* and *por* (A summary): Stating purpose, destination, and motive

12-7 Cuando vas con tus amigos o con tu familia de vacaciones, ¿para qué van a los siguientes lugares? Escribe oraciones según el ejemplo, mencionando por lo menos dos actividades para cada lugar. Añade un lugar más para el número 5.

Modelo: a un parque nacional

Vamos a un parque nacional para ver la naturaleza
y para observar los animales.

1. a un valle al lado de un río

_____

2. al mar

_____

3. a las montañas

_____

4. a una ciudad

_____

5. a ¿ ... ?

_____

12-8 Elena les escribe un mensaje electrónico a sus amigos que organizan un paseo a la playa. Lee el mensaje y luego completa las oraciones según las preguntas.

¿Para quién son las siguientes cosas de comida?

De: Elena@ole.com
Para: Lidia@ole.com, Pablo@ole.com, Anita@ole.com
CC:
Asunto: compras

Hola Lidia, Pablo y Anita:

Esta mañana hice las compras que me pidieron para el paseo del fin de semana, y tengo toda la comida guardada en el refrigerador o en la mesa de la cocina. Pasen por el apartamento cuando puedan para recoger sus cosas. Si no estoy aquí, les dejo la puerta abierta.

La suma de las compras:
Lidia: sandía, refrescos $7.80
Pablo: jamón, queso, pan, mayonesa $9.75
Anita: una docena de galletas de chocolate de la pastelería $3.95

¿Van a salir esta noche? Me encantaría ver la película que se estrena en el Cine Azul.

Abrazos,
Elena

1. El jamón y el queso son _____ _____ .

2. La sandía y los refrescos son _____ _____ .

3. Las galletas de chocolate son _____ _____ .

¿Para qué fue Elena a la pastelería?

4. Fue _____ comprarle unas _____ de

_____ a Anita.

¿Cuánto pagó Elena por las cosas que cada persona le pidió?

5. Pagó $_____ _____ lo que le pidió Lidia.

6. Pagó $_____ _____ lo que le pidió Pablo.

7. Pagó $_____ _____ lo que le pidió Anita.

Cuando Pablo, Lidia y Anita recogieron las cosas, ¿qué le dijeron a Elena?

8. Elena, ¡gracias _____ lo que nos compraste!

12-9 ¿Qué hizo Tomás? Completa las oraciones con **por** o **para**.

1. Elena, la novia de Tomás, estuvo en el hospital _____ una semana.

2. Tomás fue al hospital _____ visitarla.

3. A ella le gusta leer y necesitaba más libros. Tomás fue a la librería

   _____ ella porque ella no podía salir del hospital.

4. También fue a una florería _____ comprarle rosas.

5. Compró las rosas _____ 15 dólares.

6. Después, Tomás volvió al hospital y le dijo: "Elena, ¡estos tres libros nuevos

   y estas rosas son _____ ti!"

7. Ella le dijo: "¡Gracias _____ los libros y las flores!"

8. A las ocho de la noche Tomás salió del hospital _____ su casa.

9. Pasó _____ un parque muy bonito y una avenida con muchas luces.

10. Al llegar a casa, preparó algo _____ comer.

11. Después, vio la tele _____ una hora y trabajó en un

    proyecto que tenía que terminar _____ el lunes.

12. Tomás es estudiante y también trabaja _____ una compañía de contabilidad.

¿Es Tomás un buen novio?   ☐ Sí   ☐ No

¿Por qué?

_____

Así se dice

La naturaleza y el medio ambiente

12-10 Escribe la palabra de la lista que corresponda a la descripción.

> contaminación   deforestación   incendios   proteger
>
> conservar   desperdiciar   prevenir   reciclar

1. _____ El acto de no usar un recurso natural de una manera eficiente.

2. _____ El resultado de cortar todos los árboles de un bosque.

3. _____ Lo contrario de **destruir**.

4. _____ Debemos... el papel y el aluminio en vez de tirarlos en el cubo de la basura.

5. _____ Dar protección a algo.

6. _____ Cuando el aire y el agua están muy sucios, decimos que hay mucha...

7. _____ Hay... forestales en California, Arizona, Colorado, etc. cuando hay sequía (no llueve).

8. _____ Evitar (*avoid*) una dificultad o problema.

Pregunta personal:

9. ¿Te interesa el tema del medio ambiente? ¿Qué problema medioambiental te importa más? Explica por qué. _____

Copyright © 2012 John Wiley & Sons, Inc.

Así se forma

2. The subjunctive with expressions of doubt or negation

12-11 Estás en en una jungla de Costa Rica. Expresa tus dudas o reacciones a las circunstancias indicadas, usando la expresión entre paréntesis y el subjuntivo o el indicativo en la segunda cláusula según la expresión.

Modelo: ¿Salimos pronto? (dudar)

Dudo que salgamos pronto.

¿Hay serpientes en esta selva? (estar seguro/a de)

Estoy seguro/a de que hay serpientes en esta selva.

1. ¿Este río tiene pirañas? (no creer)

   _____

2. ¿La balsa está en malas condiciones? (ser posible)

   _____

3. ¿Te gusta practicar el descenso de ríos? (no estar seguro/a de)

   _____

4. ¿Te va a gustar la vegetación tropical? (creer)

   _____

5. ¿Hay anacondas en este río? (dudar)

   _____

6. ¿Nos divertiremos? (ser probable)

   _____

12-12 ¿Qué pasa o qué va a pasar en el futuro de la vida de tu mejor amiga o amigo? Expresa tus opiniones.

Nombre de mi mejor amigo/a: _____.

1. Dudo que ella/él... _____.

2. No estoy seguro/a de que ella/él... _____.

3. No creo que ella/él... _____.

4. Estoy absolutamente seguro/a de que ella/él... _____.

Así se forma

3. Activities with a general or unknown subject: Se + verb constructions

12-13 Expresa estas ideas en oraciones con *se* impersonal. Después decide qué lugar es lógico para cada una.

Modelo: Está prohibido fumar. _Se prohíbe fumar._

☒ un hospital ☐ un parque

1. Aquí reciclamos bolsas de plástico. _____

☐ un supermercado ☐ un estadio de fútbol

2. Vendemos prensa (*press*) internacional. _____

☐ una zapatería ☐ un quiosco

3. Alquilamos tiendas de campaña. _____

☐ un mesón ☐ tienda de artículos deportivos

4. Cambiamos pilas (*batteries*) de reloj. _____

☐ en una joyería ☐ en una librería

5. Hablamos español. _____

☐ en París ☐ en Miami

6. Está prohibido hacer fuego. _____

☐ en un parque ☐ en un camping (*camping site*)

Repaso general

12-14 Tú y tus amigos, y/o tu familia piensan salir de vacaciones. Examina las actividades y los servicios que ofrece este lugar. Luego, describe las preferencias de tres personas en el grupo. Incluye:

- las actividades y servicios que normalmente les encantan/interesan
- las actividades y servicios que dudas que utilicen ciertas personas y por qué

 ALQUILER DE AUTOS
 PLAYA
 PESCA
 GOLF
 SENDAS PARA CAMINAR
EQUITACIÓN
BUCEO

 ALQUILER DE BOTES DE VELA
 PATINAJE
 ESQUÍ
 PISCINA AL AIRE LIBRE
 MASCOTAS PERMITIDAS
 FACILIDADES PARA LAVAR
 BICICLETA

Modelo: _A Raquel le encanta nadar en las piscinas._

Dudo que ella juegue golf porque no le gusta.

1. _____

_____

_____

_____

2. _____

_____

_____

_____

3. _____

_____

_____

_____

(12-15) Responde a las siguientes preguntas con oraciones completas.

1. ¿Qué es lo que más te importa en la vida?

   _____

2. ¿Vas a la playa y a las montañas? ¿Para qué vas?

   _____

3. ¿Qué clases te interesan más este semestre?

   _____

4. ¿Por qué libro pagaste más este semestre?

   _____

5. ¿Qué es probable e improbable que hagas mañana?

   _____

6. En tu opinión, ¿se recicla bastante (*enough*) en tu campus? ¿Y en tu comunidad?

   _____

(12-16) ¿Cómo será la situación de la naturaleza y el medio ambiente en 2050? En una hoja de papel aparte, escribe un párrafo con tus previsiones, describiendo qué es posible, probable o imposible en tu opinión.

Check your answers with those given in the *Answer Key* and make all necessary corrections with a pen or pencil of a different color.

13 De viaje

Así se dice

De viaje

13-1 ¿A qué acciones o eventos se refieren estas descripciones?

Modelo: Cuando llegamos a otro país, debemos declarar las cosas que traemos.
<u>la aduana</u>

1. Lo contrario de la llegada. _____

2. Cuando el avión sale o llega tarde. _____

3. La persona que viaja. _____

4. La persona que dirige o maneja el avión. _____

5. Maleta pequeña que llevan con frecuencia las personas de negocios.

 _____

6. La persona que se queda en un hotel varios días. _____

7. Documento que compras para volar en avión. _____

8. Las horas de los vuelos. _____

9. Una compañía que realiza vuelos, como American Airlines. _____

10. Tener la necesidad de llegar rápidamente a un lugar. _____

11. Donde llevamos nuestra ropa cuando viajamos. _____

12. El acto de decir "adiós" antes de salir. _____

13. Aeronave con alas (*wings*) y motor. _____

14. En un edificio, se usa para subir y bajar de una planta a otra (no son escaleras).

 _____

15. Saludo y expresión de alegría cuando alguien llega a un lugar.

 _____

Así se dice

Se van de viaje

13-2 Organiza estos eventos o acciones de un viaje internacional en orden cronológico (puede haber varias posibilidades).

____ mostrar la tarjeta de embarque en la puerta de salida

____ buscar las maletas en el reclamo de equipajes

____ sacar los pasaportes en la oficina de correos

____ pasar el control de seguridad

____ disfrutar del vuelo

____ hacer las maletas/ empacar

____ abrocharse el cinturón de seguridad

____ mirar las instrucciones de emergencia de la azafata
o auxiliar de vuelo.

____ subir al avión

____ bajar del avión

____ ir al aeropuerto

____ aterrizar

____ facturar las maletas

____ despegar

____ comprar los boletos

Así se forma

1. The subjunctive with impersonal expressions: A summary

13-3 Indica tu reacción a las siguientes circunstancias usando las expresiones de la lista.

> Es necesario   Es extraño   Es ridículo   Es horrible   Es fenomenal

Modelo: No dan comida en este vuelo.

   Es ridículo que no den comida en este vuelo.

1. El vuelo sale a tiempo.

_____

2. Debo llevar mis documentos. No quiero tener problemas.

_____

3. Mis compañeros de viaje no han llegado.

_____

4. Pueden llegar tarde.

_____

5. No hay restaurantes abiertos en esta terminal.

_____

Así se dice

En el hotel y en la estación

13-4 Completa las oraciones con vocabulario relacionado con los hoteles.

1. Generalmente, en una cama doble hay dos _____ para descansar la cabeza, dos _____ y una

_____ .

2. En algunos hoteles, las habitaciones tienen _____ para cuando hace frío y _____ para cuando hace calor.

3. Si queremos comer en nuestra habitación del hotel podemos pedir el

_____ de _____ .

4. Es costumbre dejar una _____ para la camarera que limpia la habitación.

5. En algunos hoteles hay una _____ para nadar o relajarse.

13-5 Lee el anuncio del Hotel Cotopaxi en Quito. Luego, haz una lista de las palabras o frases más importantes de cada sección (no escribas oraciones completas). Finalmente, contesta la pregunta.

HOTEL COTOPAXI

Avenida González-Suárez 8500
Reservaciones: 543-600
Fax: 567-211

QUITO

Rodeados de altas montañas y de valles multicolores, su millón de habitantes vive en dos mundos diferentes: la vieja ciudad con sus bellas iglesias y monasterios coloniales, y el norte de Quito, con sus parques, anchos bulevares y centros comerciales de estilo europeo y norteamericano.

EL HOTEL COTOPAXI

Con sus 200 habitaciones y con la mejor ubicación de la ciudad, brinda buen servicio, confort y atención personalizada.

CLUB-PISCINA

Su actividad física se verá calmada con nuevas experiencias, al disfrutar de un lugar de verdadera inspiración, en la piscina y en los jardines, con una vista espectacular al valle de Cumbayá. Nuestro baño turco, sauna y gimnasio lo esperan.

RESTAURANTES

Alrededor de los jardines o dentro del hotel usted puede disfrutar, en cualquiera de nuestros restaurantes, de excelentes platos típicos ecuatorianos y europeos.

BANQUETES Y CONVENCIONES

Nuestro hotel ofrece buenas instalaciones y gran experiencia para la realización de sus convenciones y seminarios. Es un lugar tranquilo y bien situado, ideal para sus recepciones. Sus negocios se harán posibles en nuestro piso ejecutivo.

1. Quito:

   a) situación geográfica _____

   b) la vieja ciudad _____

   c) el norte de la ciudad _____

2. El Hotel Cotopaxi: _____

3. Club-Piscina: _____

4. Restaurantes: _____

5. Banquetes y convenciones:

   _____

   _____

6. ¿Te gustaría pasar unos días en este hotel? ¿Por qué?

   _____

13-6 Completa las oraciones con vocabulario relacionado con las estaciones de tren.

1. Cuando queremos viajar en tren, vamos a la _____ de _____

   _____.

2. ¡Debemos llegar temprano para no _____ el tren!

3. Cuando queremos comprar un boleto, vamos a la _____.

4. Cuando queremos ir y volver compramos un boleto de

   _____ y _____.

5. Hay boletos de _____ clase y de _____

   clase.

6. Antes de comprar comida, debemos ir al _____ para lavarnos

   las manos.

Así se forma

2. The subjunctive with indefinite entities: Talking about unknown or nonexistent persons or things

13-7 Imagina que eres el representante de una compañía muy grande que necesita emplear (*employ*) a varios individuos con cualificaciones específicas. Hablas con empleados de dos agencias de empleos.

- El empleado de la agencia Jiménez siempre dice que conoce a personas cualificadas.

- El empleado de la agencia Gutiérrez siempre dice que no.

Completa las oraciones con el verbo en el subjuntivo o el indicativo según la oración.

Modelo: no dan comida

- Buscamos una persona que (hablar) _____hable_____ japonés.
- Agencia de empleos Jiménez: Conocemos a una persona que

  _____habla_____ perfecto japonés.
- Agencia de empleos Gutiérrez: Lo siento, pero no conocemos a nadie

  que _____hable_____ japonés.

1. Necesitamos una persona que (ser) _____ experta en
   computación.

   Agencia de empleos Jiménez: Tenemos a una persona que

   _____ experta en computación.

   Agencia de empleos Gutiérrez: Lo siento, pero no conocemos a ninguna persona que

   _____ experta en computación.

2. Queremos una persona que siempre (llegar) _____ al trabajo a tiempo.

Agencia de empleos Jiménez: Conocemos a una persona que siempre

_____ al trabajo a tiempo.

Agencia de empleos Gutiérrez: Lo siento, pero no tenemos a nadie que siempre

_____ al trabajo a tiempo.

3. Buscamos una persona que (poder) _____ viajar a cualquier parte del mundo.

Agencia de empleos Jiménez: Hay una persona que _____

viajar a cualquier parte del mundo.

Agencia de empleos Gutiérrez: Lo siento, pero no tenemos a nadie que

_____ viajar a cualquier parte del mundo.

¿Qué agencia vas a seleccionar?

☐ La agencia Jiménez   ☐ La agencia Gutiérrez

13-8 Llegas al pueblito de Concepción de San Isidro de Heredia, en Costa Rica, a las once de la noche. Vas a la plaza central y allí encuentras un supermercado abierto. Completa el diálogo siguiente, usando el subjuntivo o el indicativo del verbo entre paréntesis, según la oración.

TÚ: Buenas noches, señor. Tengo que tomar un vuelo mañana por la tarde en

San José. ¿Hay algún tren que (salir) _____ por la mañana

temprano?

EMPLEADO: No, no hay estación de tren. Pero sí hay un autobús que (pasar)

_____ por aquí a las 10 de la mañana con destino a San José.

TÚ: Muy bien, gracias. Y, bueno, imagino que hay algún hotel aquí en Concepción

que (tener) _____ habitaciones libres.

EMPLEADO: El hotel Colonial está a dos cuadras de aquí. También hay varias pensiones que

(tener) _____ habitaciones pequeñas, pero limpias.

TÚ: ¿Y hay algún restaurante que (estar) _____ abierto ahora?

EMPLEADO: No, y tampoco hay bares o cafés que (servir) _____

comida a esta hora, pero aquí tenemos tortas y bebidas que usted (poder)

_____ comprar y llevar al hotel.

TÚ: Sí, voy a hacer eso. Gracias por la información.

Así se forma

3. Indicating that an action has been going on for a period of time: *Hacer* in time constructions
A. *Hacer* to express an action that has been going on for a period of time

13-9 ¿Cuánto tiempo hace que los estudiantes hacen las cosas siguientes?

Modelo: Esteban empezó a dormir a las 12:00. Ahora son las 3:00.

 <u>Hace tres horas que Esteban duerme.</u>

☐ Es mucho tiempo. ☒ Es poco tiempo.

1. Natalia empezó a ver videos a las 10:00. Ahora son las 10:40.

_____

☐ Es mucho tiempo. ☐ Es poco tiempo.

2. Nosotros empezamos a hablar por teléfono a las 2:15. Ahora son las 2:40.

_____

☐ Es mucho tiempo. ☐ Es poco tiempo.

3. Empecé a estudiar para un examen de biología el jueves. Ahora es sábado.

_____

☐ Es mucho tiempo. ☐ Es poco tiempo.

4. Los estudiantes empezaron a estudiar español en septiembre. Ahora es noviembre.

_____

☐ Es mucho tiempo. ☐ Es poco tiempo.

B. *Hacer* to express *ago*

13-10 Estás entrevistando a un estudiante de tu universidad que ha viajado por Latinoamérica durante un año. Pregúntale hace cuánto tiempo ocurrieron las siguientes cosas y escribe sus respuestas, usando las fechas indicadas como referencia. Inventa otros detalles.

Modelo: viajar al extranjero (*abroad*) por primera vez / 2003

TÚ: ¿Cuándo viajaste al extranjero por primera vez?

ÉL: Viajé al extranjero por primera vez hace ocho años. Fui a Puerto Rico.

1. volar en avión por primera vez/ 2002

TÚ: _____

ÉL: _____

2. sacar tu primer pasaporte/ 2006

TÚ: _____

ÉL: _____

3. ir a Centroamérica por primera vez/ 2009

TÚ: _____

ÉL: _____

4. visitar un lugar especial en Sudamérica/ febrero

TÚ: _____

ÉL: _____

5. ver algo especialmente interesante en tus viajes/ marzo

TÚ: _____

ÉL: _____

6. conocer a alguien interesante en tus viajes/ el domingo pasado

TÚ: _____

ÉL: _____

7. regresar a los Estados Unidos/ anteayer

TÚ: _____

ÉL: _____

Repaso general

(13-11) Contesta estas preguntas con oraciones completas.

1. ¿Te gusta viajar? ¿Qué te gusta más y qué te gusta menos de los viajes?

_____

2. ¿Conoces a alguien a quien no le guste volar en avión? ¿Quién? ¿Sabes por qué no le gusta?

_____

3. ¿Qué es importante para ti al comprar un billete de avión o de tren? ¿Es más importante que sea barato, rápido o cómodo?

_____

4. ¿Hay alguien en tu clase que haya viajado a algún país de Latinoamérica? ¿Adónde fue?

_____

5. ¿Hay algún país o ciudad fuera de Estados Unidos que quieras visitar? ¿Cuál(es)? ¿Por qué?

_____

6. ¿Cuánto tiempo hace que viajaste por última vez? ¿Adónde fuiste?

_____

13-12 En una hoja de papel aparte, escribe un párrafo describiendo un viaje que te gustó mucho. Describe adónde fuiste y con quién, cómo fue el viaje, dónde te quedaste, qué cosas viste, y por qué te gustó especialmente.

Check your answers with those given in the *Answer Key* and make all necessary corrections with a pen or pencil of a different color.

Dicho y hecho: Cuaderno de actividades

14 El mundo moderno

Así se dice

El mundo moderno

14-1 Completa el cuadro con palabras del vocabulario de esta sección asociadas a las de la columna izquierda (*left*). Escribe al menos dos en cada línea, sin repetir ninguna.

1. el teléfono móvil	
2. la televisión	
3. romperse	
4. la computadora	
5. Internet	
6. los aparatos electrónicos	

Así se dice

El carro

14-2 ¿A qué acciones o eventos se refieren estas descripciones?

Modelo: Sinónimo de **manejar**. <u>conducir</u>

1. Ir de un lado al lado opuesto. _____

2. Sinónimo de **continuar.** _____

3. Combustible para los vehículos. _____

4. Vehículo con dos ruedas, uno o dos asientos y sin puertas. _____

5. El lado opuesto a la derecha. _____

6. Encuentro violento entre dos objetos, por ejemplo dos vehículos.

   _____

7. Vehículo grande para transportar cosas. _____

8. Hay dos en una motocicleta, cuatro en un coche y más en un camión. Están llenas de aire. _____

9. Si necesitas gasolina, vas a este lugar. _____

10. Si no puedes seguir recto, debes... a la izquierda o a la derecha.

    _____

11. Objeto urbano con tres luces que regula el tráfico. _____

12. Es ilegal ir por la carretera más rápido que lo que indica el _____.

13. Dejar un vehículo parado, fuera del tráfico, y generalmente desocupado.

    _____

14. Parte del vehículo donde ponemos la gasolina. _____

15. Pisamos (*step on*) en estos cuando queremos parar. _____

16. Máquina que produce el movimiento de un vehículo. _____

Así se dice

¡Reacciones!

14-3 ¿Cómo reaccionas ante las siguientes situaciones? Usa expresiones de esta sección. ¡Atención! No debes repetirlas.

1. Te caes *(fall)* en la parte profunda *(deep)* de la piscina y no sabes nadar.

   _____

2. Estás bailando con un/a chico/a muy simpático/a y su novio/a entra.

   _____

3. El profesor de una de tus clases te pide un favor.

   _____

4. Manejas a 100 km/h en una zona de 50 km/h y un policía te detiene.

   _____

5. Pierdes tu anillo de matrimonio.

   _____

Así se forma

1. *Nosotros* (Let's) commands: Making suggestions

14-4 Ustedes tienen un coche bastante viejo y ahora van a usarlo para ir a visitar a sus abuelos en Santa Bárbara. Piensa en lo que deben revisar y hacer con ese "cacharrito". Usa la forma de mandato de **nosotros**.

Modelo: cambiarle... el aceite y los filtros

<u>Cambiémosle el aceite y los filtros.</u>

revisarle...	a más de 100 km/h
ponerle...	el motor
repararle...	gasolina
afinarle...	los frenos
no conducir...	aire a las llantas

1. _____

2. _____

3. _____

4. _____

5. _____

14-5 Mañana sales de viaje con dos amigos. Ellos nunca se preocupan por nada, pero tú sí. Escribe los mandatos en la forma de **nosotros** que dicen ellos y los mandatos que dices tú.

Los amigos dicen:	Yo digo:
(empacar) Empaquemos mañana.	Empaquemos esta noche.
(acostarse)	
(levantarse)	
(desayunar)	
(salir)	

Así se forma

2. The subjunctive with adverbial expressions of condition or purpose

14-6 Vas a alquilar un carro en un país hispano, y tu profesor de español te hace varias recomendaciones. Completa cada oración con la expresión que mejor corresponda, sin repetir ninguna.

> a menos que   con tal de que   en caso de que   para que

1. Estudia las señales de tráfico _____ algunas señales sean diferentes.

2. Lleva tu licencia de manejar, tu pasaporte y una tarjeta de crédito
   _____ puedas alquilar el coche sin problemas.

Copyright © 2012 John Wiley & Sons, Inc.

3. Alquila un coche automático _____ ya sepas manejar un carro de transmisión manual.

4. No vas a tener ningún problema _____ manejes siempre de forma responsable.

14-7 Ahora estás pensando en otras cosas que necesitas. Completa las oraciones con la forma lógica del verbo en paréntesis.

1. El teléfono móvil debe ser internacional para que (poder) _____ llamar a mi familia.

2. Es importante tener una tarjeta de crédito en caso de que (haber) _____ algún gasto imprevisto.

3. Cualquier ordenador portátil está bien con tal de que (tener) _____ acceso remoto a Internet.

4. Necesito un sistema portátil de GPS, a menos que (comprar) _____ un teléfono móvil con GPS integrado.

5. He comprado un traductor electrónico en caso de que (necesitar) _____ un diccionario.

Así se dice

Los números ordinales

14-8 Ordena los pasos para tener un buen viaje por carretera, usando los números ordinales.

_____ ir a una estación de servicio.

_____ ajustar el asiento y los espejos retrovisores (*rearview*).

_____ estacionar en el lugar de destino.

_____ revisar el aceite y las llantas.

_____ salir del estacionamiento.

_primero_____ poner la licencia de manejar y el seguro (*insurance*) a mano (*handy*).

_____ abrocharse el cinturón de seguridad.

_____ llenar el tanque y poner aire en las llantas si es necesario.

_____ manejar con precaución (*caution*) y descansar cada dos horas.

_____ arrancar (*start*).

Así se forma

3. The imperfect subjunctive: Reacting to past actions or events

14-9 Indica lo que las personas deseaban que tú hicieras hace cinco años. Completa cada oración con la forma correcta del verbo en el imperfecto del subjuntivo.

Hace cinco años, era el año_____

1. Mi mejor amigo/a quería que yo...

   ir a..._____

   prestarle..._____

   ¿..? _____

2. Mi profesor/a nos recomendó a todos nosotros que...

   hacer... _____

   estudiar... _____

   ¿..? _____

3. Yo quería que mis padres...

   comprar... _____

   dar... _____

   ¿..? _____

14-10 Indica tus preferencias del pasado y de ahora. Después responde a la pregunta de abajo.

	Ahora...	En el pasado...
un coche	Quiero un coche que sea seguro.	Quería un coche que fuera muy rápido.
amigos		
clases		
un trabajo		
una computadora		

¿Han cambiado mucho tus preferencias en los últimos años?

_____.

14-11 Expresa tus deseos, preferencias y dudas antes de venir a la universidad. Completa las oraciones de forma original.

Antes de llegar la universidad,...

1. mis padres querían que _____.

2. mi madre/ padre me pidió que _____.

3. mis amigos me decían que _____.

4. mis profesores me recomendaron que _____.

5. yo temía que _____.

6. yo esperaba que _____.

7. todos deseábamos que _____.

Repaso general

14-12 Contesta con oraciones completas.

1. ¿Te gustan los aparatos electrónicos? ¿Cuáles tienes? ¿Los usas frecuentemente?

_____

2. ¿Tienes amigos que son adictos a los videojuegos, el correo electrónico o las redes sociales?

_____

3. ¿Cómo se va desde tu clase de español hasta la biblioteca principal del campus (si hay varias, escoge una)? Imagina que estás dando instrucciones a un compañero de clase.

_____

4. Si vas a hacer un viaje largo en el coche, ¿qué necesitas llevar en caso de que se malogre (*breaks down*)?

_____

14-13 En una hoja de papel aparte, escribe un párrafo describiendo 1) cómo esperabas que fuera la universidad antes de empezar tus estudios (*esperaba/ deseaba/ quería que…*), 2) qué cosas no imaginabas (*no pensaba/ imaginaba/ creía que…*), y 3) expresa tus deseos con ojalá (*ojalá hubiera/ las clases fueran…*). Piensa en el campus, las clases, los estudiantes, los profesores, etc.

Check your answers with those given in the *Answer Key* and make all necessary corrections with a pen or pencil of a different color.

15 El mundo en las noticias

Así se dice

El mundo en las noticias

15-1 ¿A qué se refieren estas descripciones?

Modelo: La acción de un criminal. <u>un crimen</u>

1. La persona que sufre un ataque, robo, injusticia, etc. _____

2. Lo contrario de la **paz.** _____

3. La falta (*lack*) de trabajo para una o muchas personas.

   _____

4. Persona de autoridad en una compañía. _____

5. Persona que trabaja en su tiempo personal, sin salario, para contribuir a la sociedad.

   _____

6. Sustancia con efecto estimulante, narcótico, alucinógeno, etc. que puede crear

   adicción. _____

7. Una persona que nace y vive en un país y tiene todos los derechos de ese país.

   _____

8. El documento que completamos para una empresa cuando buscamos trabajo.

   _____

9. Conjunto de actos violentos dirigidos a causar miedo. _____

10. Lo que deben hacer los ciudadanos cuando hay elecciones.

    _____

11. Un derecho básico de las personas es la _____ de expresión.

12. Cuerpo político que dirige la nación. _____

13. La conversación que tenemos con un/a gerente de una compañía cuando buscamos trabajo. _____

14. Lo que hace el ladrón (*thief*). _____

15. Programa de radio o televisión que reporta los eventos de actualidad (*current*).

_____

16. La condición que existe cuando las personas no tienen lo necesario para sobrevivir dignamente. _____

17. Deseo ardiente o necesidad de comer. _____

18. Estudio intelectual y con frecuencia también experimental con el propósito de aprender más sobre algo. _____

19. Método o procedimiento para parar una enfermedad y devolver la salud.

_____

20. Principio que reconoce los mismos (*same*) derechos a todos los ciudadanos.

_____

15-2 ¿En qué sección de un periódico estadounidense vas a encontrar estos titulares? Algunos pueden pertenecer (*belong*) a más de una categoría.

| Nacional | Internacional | Economía | Ciencia | Sociedad y Cultura |

1. **Terremoto estremece a Santiago de Chile** _____

2. **Congresista demócrata critica al gobernador de Texas por seguridad fronteriza**

_____

3. **Red de narcotráfico en el aeropuerto de Miami** _____

4. **Los 10 libros más vendidos de la semana** _____

5. **Escáner cerebral para detectar autismo** _____

6. **Preocupación por superbacteria** _____

7. **Alemania lidera el crecimiento económico de la eurozona** _____

   _____

8. **Solicitudes de seguro de desempleo en EE. UU. continúan aumentando**

   _____

9. **Caen extremistas ligados a al-Qaida en Afganistán** _____

10. **Nuevas tecnologías para diagnóstico del cáncer**

    _____

11. **La ONU considera que el mundo vive un tiempo extremo "sin**

    precedentes" _____

12. **Disciplina y autoestima en los años preescolares** _____

Así se dice

Tus opiniones sobre los problemas mundiales

15-3 Estas son las opiniones de un estudiante de la clase. Completa las oraciones, usando las palabras de la lista. Después, indica si estás de acuerdo o no con la frase.

discriminación	en contra de	leyes	narcotráfico
eliminar	legalizar	luchar	pena de muerte

1. Quiero _____ por los derechos humanos.

   ☐ Estoy de acuerdo.   ☐ No estoy de acuerdo.

2. Opino que nadie debe morir por un crimen. Estoy _____

   la _____.

   ☐ Estoy de acuerdo.   ☐ No estoy de acuerdo.

3. Debemos luchar para _____ el hambre y la pobreza de este mundo.

   ☐ Estoy de acuerdo.   ☐ No estoy de acuerdo.

4. No creo que sea buena idea _____ la marihuana.

   ☐ Estoy de acuerdo.   ☐ No estoy de acuerdo.

5. Otros problemas serios de nuestra sociedad son el _____ y la drogadicción.

   ☐ Estoy de acuerdo.　　☐ No estoy de acuerdo.

6. Me parece un error cambiar las _____ que prohíben que los menores consuman alcohol.

   ☐ Estoy de acuerdo.　　☐ No estoy de acuerdo.

7. Hoy la situación es mejor, pero todavía existe mucha _____ en contra de ciertos grupos étnicos.

   ☐ Estoy de acuerdo.　　☐ No estoy de acuerdo.

Así se forma

1. The subjunctive with time expressions: Talking about pending actions

15-4 ¿Qué dice el nuevo presidente que hará? Escribe oraciones combinando las frases de las dos listas, usando primero el futuro y después el subjuntivo.

Modelo: firmar el acuerdo de paz cuando... (ellos) / dejar de luchar

Firmaré el acuerdo de paz cuando dejen de luchar.

reducir el desempleo tan pronto como...　　(ustedes) / darme más información

apoyar esa causa con tal de que...　　mi periodo / expirar

no firmar esa ley a menos que...　　los ciudadanos / quejarse

hablar con los senadores después de que...　　haber una emergencia

resolver ese problema antes de que...　　la economía / mejorar

ser presidente hasta que...　　(ellos) / regresar a la capital

1. _____

2. _____

3. _____

4. _____

5. _____

6. _____

15-5 Completa cada oración con la forma correcta del verbo entre paréntesis. Usa el presente del subjuntivo o el pretérito según la oración. Después, indica si la oración describe el **pasado** o el **futuro**.

1. (recibir) **a)** Haré el viaje con los voluntarios tan pronto como

   _____ el dinero.

   ☐ pasado   ☐ futuro

   b) Hice el viaje con los voluntarios tan pronto como

   _____ el dinero.

   ☐ pasado   ☐ futuro

2. (llegar) **a)** Esperé hasta que _____ mi pasaporte.

   ☐ pasado   ☐ futuro

   b) Esperaré hasta que _____ mi pasaporte.

   ☐ pasado   ☐ futuro

3. (decirme) **a)** Determinaré el itinerario después de que tú _____

   _____ en qué trabajo vamos a participar.

   ☐ pasado   ☐ futuro

   b) Determiné el itinerario después de que tú _____

   _____ en qué trabajo íbamos a participar.

   ☐ pasado   ☐ futuro

15-6 ¿Cómo se dice en español?

1. **a)** *I will call them (m.) before I leave (before leaving).*

   _____

   b) *I will call them (m.) before they leave.*

   _____

2. **a)** *We will pack after we wash (after washing) the clothes.*

   _____

   b) *We will pack after you (sing. familiar) wash the clothes.*

   _____

¿Qué vas a hacer con tus amigos/ tu familia? Usa las expresiones de la lista.

Vamos a		
	...cuando...	
	...después de que...	
	...con tal de que...	
	...tan pronto como...	

Así se forma

2. The present perfect subjunctive: Expressing reactions to recent events

 Lee el correo electrónico que Beatriz les escribe a sus amigos. Luego, completa las oraciones para expresar sus reacciones, usando el presente perfecto del subjuntivo o el presente perfecto del indicativo según la situación.

De: Beatriz@ole.com
Para: Anita@ole.com, Pablo@ole.com, Elena@ole.com
CC:
Asunto: saludos de Panamá

Queridos amigos:

Les mando este mensaje desde la ciudad de Panamá. Necesitaba estas vacaciones y me han hecho mucho bien. Me siento como nueva. La semana pasada hice el mejor viaje de mi vida. Visité las islas San Blas en la costa norte de Panamá. ¡Qué paraíso! Es el lugar más tranquilo que haya visto, con aguas cristalinas, palmeras... Ayer pasé el día descansando en una hamaca, pero anteayer hice esnórquel aquí y creo que vi los más bellos corales de las islas y los peces más increíbles. Eran de colores extraordinarios y de formas muy raras. Saqué fotos; pero ustedes saben que no soy muy buena fotógrafa. También les cuento que espero encontrar trabajo como guía turística y tal vez trabaje aquí este verano. Me encanta este país y, como ven, me estoy divirtiendo muchísimo.

Abrazos,
Beatriz

---

1. Me alegro de...

   que a Beatriz las vacaciones le _hayan_ _hecho_____ mucho bien,

   que _____ _____ las islas San Blas,

   que _____ _____ un día
   descansando en una hamaca,

   que _____ _____ esnórquel y

   que _____ _____ bellos corales y
   peces increíbles.

2. Espero...

   que _____ _____ buenas fotos de

   los peces y

   que _____ _____ trabajo como
   guía turística.

3. Estoy seguro/a...

   de que se _____ _____ muchísimo
   en Panamá.

(15-9) Piensa en las noticias de los últimos meses. Escribe algunas cosas que han hecho o
conseguido (*achieved*) estas personas e indica tus reacciones usando frases del cuadro.
Añade una noticia más para el número 6.

Me alegro de que...	Me enoja/ entristece que...	No me gusta que...	Espero que...
Es fantástico/bueno/ malo/terrible que...	Dudo que...	No creo que...	Ojalá que...

Modelo: El presidente...

El presidente ha firmado un acuerdo sobre medio ambiente. $\longrightarrow$

Me alegro de que el presidente haya firmado un acuerdo sobre medio ambiente.

1. Los científicos...

_____ $\longrightarrow$

_____

2. El gobierno...

_____ $\longrightarrow$

_____

3. El gobierno municipal (*local*)...

_____ $\longrightarrow$

_____

4. Los líderes mundiales...

_____ $\longrightarrow$

_____

5. El presidente ...

_____ $\longrightarrow$

_____

6. _____

_____ $\longrightarrow$

_____

Dicho y hecho: Cuaderno de actividades

Así se forma

3. *Si* clauses: Hypothesizing

15-10 Indica las condiciones y los resultados de las siguientes situaciones imaginarias. Cambia el primer verbo al imperfecto del subjuntivo y el segundo al condicional.

Modelo: si (yo) / poder / ayudar a ...

Si yo pudiera, ayudaría a los desamparados.

1. si (nosotros) / tener el dinero / dárselo a...

_____

2. si (yo) / ser presidente/a / resolver...

_____

3. si (yo) / trabajar en la ONU / luchar por...

_____

4. si los científicos / encontrar una cura para el cáncer / (nosotros) estar...

_____

5. si todos los países / proteger el medio ambiente / salvar...

_____

15-11 Escribe tres cosas que harías si las siguientes condiciones fueran reales.

Modelo: sacarme la lotería

Si me sacara la lotería compraría una casa en la playa,
haría un viaje a la Antártica y pondría el resto en el banco.

1. mi novio/a o pareja dejarme por otra persona

   _____

   _____

   _____

2. poder hablar con un extraterrestre

   _____

   _____

   _____

3. ir a las fiestas de San Fermín en Pamplona

   _____

   _____

   _____

Repaso general

15-12 Contesta las preguntas con oraciones completas.

1. ¿Qué le preguntarías al presidente de tu país si pudieras hacerle sólo una pregunta?

   _____

   _____

2. Si fueras presidente/a, ¿qué harías para resolver los problemas del país?

   _____

   _____

Dicho y hecho: Cuaderno de actividades

3. Si tuvieras que hacer trabajo voluntario durante un año como parte de tus estudios, ¿qué tipo de trabajo harías? ¿Por qué?

_____

_____

4. ¿Bajo qué condiciones estarías contentísimo/a?

Estaría contentísimo/a si... _____

_____

_____

5. ¿Qué harías para demostrarle a tu media naranja que lo/la quieres?

_____

_____

_____

(15-13) En una hoja de papel aparte, escribe un párrafo describiendo una noticia o evento (local, nacional o internacional) que te haya causado especial impresión, alegría, tristeza o enojo. Describe el evento o situación con cierto detalle, cuál fue tu reacción y qué pasó después: los efectos o consecuencias del evento, resultado o desenlace (_outcome_).

Check your answers with those given in the _Answer Key_ and make all necessary corrections with a pen or pencil of a different color.

Manual
de laboratorio

CAPÍTULO 1

Nuevos encuentros

Así se dice *Nuevos encuentros*

1-1 **Las presentaciones.** Repeat each expression. Follow the numbers on the illustrations so that you will know who is speaking.

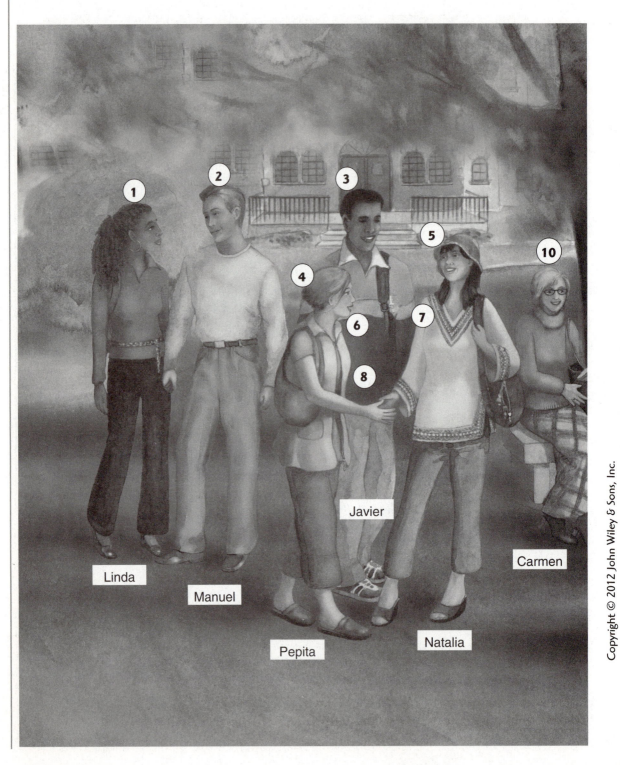

Linda

Manuel

Pepita

Javier

Natalia

Carmen

Alfonso

Octavio

Inés

la profesora Falcón

1-2 **Más presentaciones.** The semester is beginning and you are meeting some Spanish-speaking students. Listen to them and choose an appropriate response. Complete the response when needed.

1. a. Muy bien, ¿y tú?   b. Encantado   c. Soy de...

2. a. Fenomenal   b. Igualmente   c. Me llamo...

3. a. Igualmente   b. Mucho gusto   c. Bien ¿y tú?

4. a. Bien, gracias.   b. Soy de...   c. Igualmente

5. a. Soy de...   b. Mucho gusto   c. Muy bien, gracias

Así se dice

Las presentaciones

1-3 **Los saludos.** Repeat each phrase in the following formal and informal conversations. Pay attention to how combinations of two vowels and combinations of consonants and vowels are linked.

Formal:

PROFESOR RUIZ: Buenos días, señorita.

SUSANA: Buenos días.
¿Cómo está usted?

PROFESOR RUIZ: Muy bien, gracias. ¿Y usted?

SUSANA: Bien, gracias.

Informal:

LUIS: ¡Hola!

OLGA: ¡Hola! ¿Cómo estás?

LUIS: Fenomenal. ¿Y tú?

OLGA: Muy bien, gracias.

LUIS: ¿Qué hay de nuevo?

OLGA: Pues, nada. Voy a la clase de historia.

LUIS: Bueno, hasta luego.

OLGA: Adiós.

1-4 **¿Formal o informal?** Octavio is greeting some people as he walks around campus. Decide if he is greeting a friend (**informal**) or a professor (**formal**).

	Informal	Formal
1.		
2.		
3.		
4.		
5.		

1-5 **Los saludos y las presentaciones.** Each greeting, question, or expression will be read twice. Write a logical response to each.

1. _____
2. _____
3. _____
4. _____
5. _____
6. _____

Así se dice

Expresiones de cortesía

1-6 **Soy muy cortés.** Say the expression of courtesy that is appropriate to each situation. Select from the list provided. Listen for confirmation and repeat the correct response.

| Perdón/Disculpe. | Muchas gracias. | Lo siento mucho. | De nada. | Con permiso. |

1. ... 2. ... 3. ... 4. ... 5. ...

Así se forma

Identifying and describing people: Subject pronouns and the verb *ser*

1-7 **¿De dónde son los estudiantes?** Octavio talks about diversity at his university, telling where several of his friends are from. As he speaks, fill in the first blank with the correct form of the verb **ser**. Then listen again and fill in the second blank with the country of origin that corresponds to each person.

| Cuba | Puerto Rico | Argentina | los Estados Unidos | España |

Octavio dice (*says*):

Yo _____ de _____.

Anita y yo _____ de _____.

Roberto _____ de _____.

Tomás y Tania _____ de _____.

Inés _____ de _____.

Tú _____ de _____.

1-8 **¿Sí o no?** Can you predict the probable personality traits of the persons in the illustrations? Answer the yes/no questions in complete sentences. Listen for confirmation.

Modelo: You hear: ¿Es Octavio generoso?

You say: **Sí, es generoso.**

Confirmation: Sí, es generoso.

or

You hear: ¿Es Héctor arrogante?

You say: **No, no es arrogante.**

Confirmation: No, no es arrogante.

1.

2.

3.

4.

Dicho y hecho: Manual de laboratorio

1-9 *¿Cómo es Pepita?* Natalia has just met Javier's friend Pepita and she wants to know more about her. Listen to Javier describe Pepita and underline the cognates you hear. (Read the list before listening to the conversation to familiarize yourself with the words you might hear.)

admirable	egoísta	materialista	responsable
ambiciosa	extrovertida	optimista	sentimental
arrogante	inteligente	paciente	seria
creativa	irresponsable	pesimista	terrible
dinámica	liberal	puntual	tranquila

1-10 *¿Quién es?* Listen to some of the things Octavio said in his conversation with Natalia and decide whether he is talking about himself (**yo**), Natalia (**tú**), both Octavio and Natalia (**nosotros**), or Pepita (**ella**).

	Octavio (yo)	Natalia (tú)	Octavio y Natalia (nosotros)	Pepita (ella)
1.				
2.				
3.				
4.				
5.				
6.				

Así se dice

Los números del 0–99

1-11 **El bingo.** Listen to the following numbers. Whenever you hear a number read that you have on your card, cross it out. Can you get three in a row horizontally, vertically or diagonally?

83	22	15
70	67	45
6	38	11

1-12 **El básquetbol.** Listen to the radio announcer as he gives the scores for four games. Write the score for each team in the line provided.

La Universidad de Nuevo México: _____

La Universidad de Illinois: _____

La Universidad de Arizona: _____

La Universidad de Colorado: _____

La Universidad de Tejas A y M: _____

La Universidad de Virginia: _____

La Universidad de California, Los Ángeles: _____

La Universidad de San Diego: _____

1-13 **Contando.** Listen to the following people counting, try to recognize the pattern, and say the next two numbers. Then, listen for confirmation.

1. ... 2. ... 3. ... 4. ...

1-14 **Problemas de aritmética.** Listen to the following problems, then say and write the answer. Write the answer with numerals first, and then write out the word.

+ → más	− → menos	x → por

Modelo: You hear: Trece más cinco son...

You say: **Dieciocho**

You write: 18, dieciocho

1. _____   4. _____

2. _____   5. _____

3. _____   6. _____

1-15 **Los números de teléfono.** In Spanish, the digits of phone numbers are usually given in pairs. Listen to the following incomplete phone numbers, identify the owner of each number, and complete the sequence. You will hear each phone number twice.

Octavio: 4-86-05-____   Manuel: 4-61-15-____

Alfonso: 7-55-13-____   Sra. Sábato: 3-98-13-____

Profesora Falcón: 3-98-02-____   Inés: 9-74-17-____

Así se dice

El alfabeto

1-16 **Nombres hispanos.** You are going to hear someone spelling the names of some U.S. cities and states that have Spanish names. Write them down in the spaces provided. Note that when there are two words in one name, you will hear the word **espacio** to indicate where the second word starts.

1. _____   5. _____

2. _____   6. _____

3. _____   7. _____

4. _____   8. _____

Los días de la semana y los meses del año

1-17 **Los días de la semana.** Listen to the following conversations in which students talk about their weekly schedules and activities. As you listen, write the day of the week that corresponds to each class or activity.

1. El laboratorio de biología de Paula se reúne los _____.

2. La clase de música de José se reúne dos días por semana: los _____ y los _____.

3. Martín y Tomás van a (*are going to*) jugar al tenis el _____ por la tarde.

4. La fiesta es el _____ por la noche.

¿Cuál es la fecha de hoy? ¿Qué fecha es hoy?

1-18 **Los cumpleaños.** You had written down your friends' birthdays in your electronic agenda, but they are all mixed up now. Listen and match the birthdays with the right people. Remember that when dates are given in numbers, the day precedes the month.

Modelo: You hear: El cumpleaños de Octavio es el dos de julio.
You write: Octavio _2/7_____

Pepita _____   Linda _____   Inés _____

Manuel _____   Natalia _____   Alfonso _____

1-19 **El Día de la Independencia.** In the Hispanic world, the dates for celebrating independence days vary from country to country. Repeat the name of each Hispanic country in the Americas and locate it on the map. In the blanks provided, jot down the day and month that each celebrates its independence day.

Modelo: You hear: Puerto Rico
You repeat: **Puerto Rico** (and locate it on the map)
You hear: el 4 de julio
You write: <u>el 4 de julio</u>

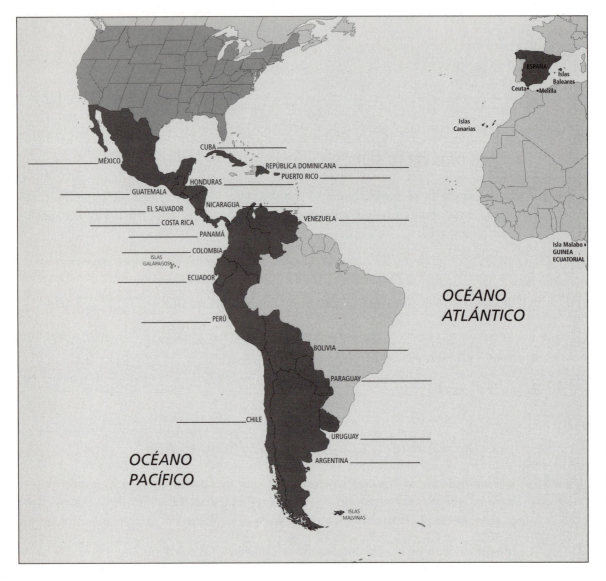

Así se dice

Decir la hora

1-20 **¿Qué hora es?**

Paso 1. Listen to the following times and write each number under the appropriate clock.

1.	2.	3.	4.

a. m.	a. m.	a. m.	
_____	_____	_____	_____

Paso 2. Now, tell the time on each clock. Listen for confirmation.

1.	2.	3.	4.
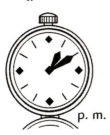			
p. m.	p. m.	p. m.	
_____	_____	_____	_____

1-21 **Preguntas para ti.** Answer the following questions in complete Spanish sentences. You will hear each question twice.

1. _____

2. _____

3. _____

4. _____

5. _____

6. _____

Así se pronuncia

1-22 Becoming familiar with the sounds of Spanish is the first step to an exciting encounter with the world of Spanish language and Hispanic cultures. The information recorded on the Lab Audio will help you absorb the basic rules in this section. Soon you will be able to pronounce most Spanish words correctly.

Vowels

Each Spanish vowel has only *one* basic sound and is represented with *one* symbol. Spanish vowels are short and clipped, never drawn out. Listen carefully and repeat each sound and the corresponding examples.

a **Panamá, ala**
e **bebe, lee**
i **sí, ni**
o **solo, loco**
u **Lulú, cucú**

A. Now listen to and repeat the following words, focusing on the vowels. Do not worry about their meanings.

peso **piso** **puso** **pasa** **pesa** **pisa** **misa**
mesa **musa** **usa** **eso** **liso** **lisa** **lupa**

B. Line by line, repeat the following children's verse, "Arbolito del Perú" *(Little Tree from Peru)*. Focus on the vowel sounds.

a, e, i, o, u
Arbolito del Perú.
Yo me llamo... *(add your name)*
¿Cómo te llamas tú?

Diphthongs

A diphthong is a combination of two vowels. In Spanish, the possibilities include: **a, e, o** + **i, u**; or **i** + **u**; or **u** + **i**. The consonant **y** also forms a diphthong when it occurs at the end of a word. Diphthongs constitute one unit of sound. Listen to and repeat the following examples. The symbol in brackets represents the sound of the diphthong.

Sound	Spelling	Examples
[ay]	ai/ay	*aire, traigo, caray*
[ye]	ie	*cielo, Diego, siempre*
[oy]	oi/oy	*oigo, doy, soy*
[ew]	eu	*euro, Europa, Eugenia*
[aw]	au	*aula, Paula*
[ey]	ei/ey	*reina, rey*
[yu]	iu	*ciudad, viuda*
[wy]	ui/uy	*cuidado, muy*

C. Let's learn to greet people and ask how they are. Repeat the following conversation, paying special attention to the diphthongs.

Estudiante A: B**ue**nos días. ¿Cómo está?
Estudiante B: M**uy** b**ie**n grac**ia**s. ¿**Y u**sted?
Estudiante A: B**ie**n, grac**ia**s.

CAPÍTULO 2

La vida universitaria

Así se dice *La vida universitaria*

2-1 **En el laboratorio y en la clase.** Listen and write the number of the word you hear next to the appropriate object or person.

2-2 **¿Dónde?** Where can you find the following things? Listen to the following words and write them down in the appropriate column. Note that some items may belong to more than one category.

El laboratorio de computadoras	La clase	La mochila

2-3 **¿Qué necesita?** Listen to the following descriptions and choose which item the speaker needs.

1. ☐ un diccionario   ☐ los audífonos   ☐ el mapa
2. ☐ la silla   ☐ la computadora   ☐ el reloj
3. ☐ la mochila   ☐ el cuaderno   ☐ la profesora
4. ☐ la pluma   ☐ navegar por la red ☐ la papelera
5. ☐ el mapa   ☐ el reloj   ☐ el lápiz

Así se forma

1. Identifying gender and number: Nouns and articles

2-4 **¿Qué hay en tu escritorio?** Listen to the following list of things and say whether or not you have one. Remember to include the indefinite article (**un, una**).

Modelo: You hear: bolígrafo

You say: **Sí, hay un bolígrafo.** o

No, no hay un bolígrafo.

1. ... 2. ... 3. ... 4. ... 5. ... 6. ...

2-5 **¿Qué hay en tu cuarto?** Listen to the questions asking about your room. Respond, both speaking and in writing, as in the model.

Modelo: You hear: ¿Hay ventanas?

You say and write: **Sí, hay una ventana.** *o*

Sí, hay dos ventanas. *o*

No, no hay ventanas.

1. _____
2. _____
3. _____
4. _____
5. _____
6. _____

2-6 **Los nombres.** Your friend is helping you review the gender of some new Spanish words you are studying. Listen to the words and respond by repeating each noun preceded by the appropriate definite article (**el, la**). Then, listen for confirmation.

Modelo: You hear: pregunta

You say: **la pregunta**

Confirmation: la pregunta

1. ... 2. ... 3. ... 4. ... 5. ... 6. ... 7. ... 8. ... 9. ... 10. ...

Así se dice

El campus universitario

2-7 **¿A qué facultad pertenecen?** Listen to the names of departments and indicate which *facultad* they belong to.

La Facultad de...

1. ☐ Ciencias   ☐ Ciencias Sociales y Políticas   ☐ Matemáticas y
                                                                     Computación

2.	☐ Artes	☐ Ciencias Económicas	☐ Ciencias Sociales y Políticas	

3.	☐ Idiomas	☐ Humanidades	☐ Ciencias
4.	☐ Ciencias	☐ Matemáticas y Computación	☐ Artes
5.	☐ Ciencias Económicas	☐ Idiomas	☐ Humanidades

Así se forma

2. The present tense and talking about going places: *Ir + a +* destination

2-8 **¿Adónde van?** Three groups of students chat. Listen to the three conversations, and as you listen, mark with an **X** the places where the students are going.

Listening hint: In this and all listening comprehension exercises, you may find it useful to listen to each selection three times: the first time to become familiar with it, the second to write your answers, and the third to check your answers.

1. ☐ al gimnasio

   ☐ a la cafetería

   ☐ a la librería

2. ☐ a la residencia estudiantil

   ☐ a la biblioteca

   ☐ al laboratorio de química

3. ☐ a casa

   ☐ al centro estudiantil

   ☐ a la oficina de la profesora Murphy

2-9 **¿Quién va?** Linda is talking to Manuel about everyone's plans for today. Listen to Linda and mark the appropriate columns to indicate who Linda is referring to.

	Yo (Linda)	Tú (Manuel)	Linda y Manuel	Los amigos
1.				
2.				
3.				
4.				
5.				
6.				

2-10 ¿Adónde vas tú? (*Where are you going?*) Listen to the questions and respond in complete sentences, both speaking and in writing. Each question will be asked twice.

Modelo: You hear: ¿Vas a la librería esta tarde?

You say and write: **Sí, voy a la librería esta tarde.** *o*

No, no voy a la librería esta tarde.

You hear: ¿Van ustedes a la cafetería ahora?

You say and write: **Sí, vamos a la cafetería ahora.** *o*

No, no vamos a la cafetería ahora.

1. _____

2. _____

3. _____

4. _____

5. _____

6. _____

Así se forma

3. Talking about actions in the present: Regular -*ar* verbs

2-11 **El horario de Natalia.** Listen to Natalia's schedule and fill in the missing information.

¿CUÁNDO?	ACTIVIDAD
	llega a la universidad
8:15	
	va a clase
al mediodía	
por la tarde	o...
6:00	
	prepara sus lecciones
por la noche	y...

2-12 **Actividades de los estudiantes universitarios.** You are going to listen to some statements about a Hispanic student, Pedro, and his friends. Indicate whether the same is true for you and your friends. You will hear each statement twice.

Modelo: You hear: Trabaja por la noche.

You say: **Trabajo por la noche también.** *o*

No trabajo por la noche.

You hear: Hablan por teléfono con frecuencia.

You say: **Hablamos por teléfono con frecuencia también.** *o*

No hablamos por teléfono con frecuencia.

1. ...   2. ...   3. ...   4. ...   5. ...   6. ...

2-13 **Natalia y Esteban.** Answer the questions according to the drawings. Please use complete sentences.

Natalia

Esteban

_____

_____

_____

_____

_____

_____

_____

_____

Así se forma

4. Talking about actions in the present: Regular -er and -ir verbs; hacer and salir

2-14 **¿Cierto o falso?** Listen to the following statements. First indicate whether they refer to you (**Yo**) or both you and your friends (**Mis amigos y yo**). Then write whether you agree or not, as in the model.

> **Modelo:** You hear: Siempre como en la cafetería.
> You mark the column: **Yo**
> You write: _Sí, siempre como en la cafetería._ o
> _No, no siempre como en la cafetería._

	Yo	Mis amigos y yo	
1.	☐	☐	_____
2.	☐	☐	_____
3.	☐	☐	_____
4.	☐	☐	_____
5.	☐	☐	_____
6.	☐	☐	_____

2-15 **Octavio y sus amigos.** Listen to what Octavio has to say about his and his friends' activities. As you listen, write the verb that corresponds to each activity. The narration will be read a second time. Confirm your responses.

Mis amigos y yo _Assitemos_ a la Universidad Politécnica de California y _Viven_ en una residencia estudiantil. En las clases _Leemos_ y _Escribimos_ mucho y participamos con frecuencia en las discusiones. Al mediodía _comemos_ en el restaurante de la universidad y hablamos de mil cosas. En la tarde estudiamos y con frecuencia _hacemos_ ejercicio en el gimnasio. Por la noche a veces (*sometimes*) _salmos_ .

2-16 **¿Quién?** Listen to the following questions and answer them based on the cues below. You will hear each question twice. Then, listen for confirmation.

Modelo: You hear: ¿Quién come mucha pizza?

You see: Esteban

You could say: **Esteban come mucha pizza.**

Confirmation: Esteban come mucha pizza.

1. Alfonso
2. Octavio y Javier
3. Pepita

4. Mi amigo y yo
5. Mis profesores
6. Yo

2-17 **Tú y tus amigos.** You are going to hear some verbs and phrases. Use them to write about you and your friends.

Modelo: You hear: asistir a muchas clases

You write: John y Pete asisten a muchas clases. o
Sarah asiste a muchas clases. o
Tom y yo asistimos a muchas clases, etc.

1. _____
2. _____
3. _____
4. _____

2-18 **Preguntas para ti.** Answer the following questions in complete Spanish sentences. You will hear each question twice.

1. _____
2. _____
3. _____
4. _____
5. _____
6. _____

Escenas

(2-19) **Un pequeño accidente**

En un corredor de la universidad. Alfonso va muy deprisa y choca con Camila. Sus libros, cuadernos y otras cosas caen al suelo.

> **Listening strategy**
> When you listen to someone, it is helpful to anticipate what you might hear, based on what you know about the person or your general knowledge of the topic.

Paso 1. Based on the title and introduction, try to anticipate whether the following statements may be true (**Cierto**) or false (**Falso**).

	Cierto	**Falso**
1. Alfonso va a casa.	☐	☐
2. Camila saluda (*greets*) a Alfonso.	☐	☐
3. Alfonso recoge (*picks up*) los libros de Camila.	☐	☐

> **Listening strategy**
> When you listen to a conversation or an audio text in Spanish, you will hear many words you do not know. Don't let that overwhelm you. Instead, ignore what you do not understand and focus on listening for words you do know, as well as other features of spoken language (i.e. tone) that will help you get the general meaning.

Paso 2. Listen to Alfonso and Camila and underline the appropriate answer.

1. Alfonso va...
a. al gimnasio   b. al laboratorio   c. a la biblioteca

2. Camila necesita (*needs to*)...
a. un libro   b. un CD-rom   c. una impresora

4. Camila quiere (*wants to*) ir...
a. a clase   b. al laboratorio   c. a la cafetería

Paso 3. Look at the questions below and listen again, then answer the questions.

1. ¿Quién llega tarde a clase?

_____ .

2. ¿Qué hora es?

_____.

3. ¿Qué trabajo necesita imprimir Camila?

_____.

4. ¿Cuántas impresoras hay en el laboratorio?

_____.

5. ¿Alfonso va con Camila a la cafetería?

_____.

Así se pronuncia

2-20 Consonants

Below you will find general guidelines for pronouncing Spanish consonants. The symbol in brackets represents the sound, followed by a brief explanation of its pronunciation. In following chapters you will continue practicing some of these sounds and learning about spelling rules.

Now, listen carefully and repeat the examples. Before you know it, you will be surprised at how proficient you are.

Sound		Spelling	Position	Examples
[b]	as in English _boy_	b, v	begins word	**bote, vote**
			after _m, n_	**sombrero, enviar**
[ß]	a _b_ with lips half-open	b, v	other positions	**liberal, avaro**
[s]	as in English _son_	ce, ci	begins syllable	**cero, gracias**
		z°	all positions	**pez, zapato, retazo**
		s	all positions	**seta, solo, susto, dos**
[k]	very similar to	qu + e, i	begins syllable	**queso, quiso**
	English	c + a, o, u	begins syllable	**saca, cosa, cuna**
[d]	as in English	d	begins word	**doctor, dentista**
			after _n, l_	**banda, caldo, saldo**
[d]	as in _th_ in _other_	d	other positions	**ido, salud, nado**
[h]	but stronger than in	j	all positions	**jamás, reloj, ajo**
	English	ge, gi	begins syllable	**gente, gitano, agente**

A. Read each sentence on your own. Focus on the highlighted consonants or consonant-vowel combinations. Then listen to the recorded pronunciation.

° In many regions of Spain, the letter _c_ before _e_ or _i_, and the letter _z_ are pronounced like the English _th_ in the words _thin, thanks_.

b/v	**V**endo **v**einte **v**acas y un **b**urro.
	Un a**v**e li**b**re **v**uela.
c/que, qui	**C**ompro **c**atorce **c**ocos y **qui**nce **que**sos.
c/ce, ci	**Ci**nco chimpan**cé**s **có**micos **ce**lebran sus **c**umpleaños.
z/s	La **s**eñorita **s**irve **z**umo de **z**anahorias.
d/d	¡**D**octor! ¡Me **d**uele el **d**e**d**o!
j/ge, gi	**J**erónimo es **j**oven, á**gi**l e inteli**ge**nte.

More consonants
Repeat the examples.

[y] as in English[1]	**ll, y** + *vowel*	begins syllable	**llanto, yeso, allí**
[g] as in English	**g** + **a, o, u**	begins syllable	**gato, gusto, gota**
	gu + **e, i**	begins syllable	**guitarra, guerra**
[gw] rare in English	**gu** + **a, o**	begins syllable	**agua, antiguo**
	gü + **e, i**	begins syllable	**pingüino, averigüe**
[r] as in Be*tt*y, E*dd*y	**r**	middle and end of a word	**aro, verdad, bar**
[rr] trilled, rolled sound	**r** + *vowel*	begins word	**rifle, rato**
	n, s, l + **r**		**enredo, alrededor**
	vowel + **rr** + *vowel*		**perro, corro**

Note that:

- The letter **h** is always silent:

  hotel   **hospital**   **deshonesto**

- The **ñ** is similar to the *ny* in the word *canyon*:

  montaña   **cañón**   **mañana**

- Double **cc** and **x** are pronounced [ks]:

  acción   **examen**

B. Read each sentence on your own. Focus on the highlighted consonants or consonant-vowel combinations. Then listen to the recorded pronunciation.

ll/y	Un millón de **ll**amas **y**acen en la **ll**anura.	
g/gue, gui	El **g**urú, el **gue**rrero y el **guí**a son **g**olosos.	
g/güe, güi	Ana es bilin**güe**.	El pin**güi**no está en el agua.
g/ge, gi	El **gi**tano es **g**uapo y **ge**neroso.	
r/rr	**R**ita co**rr**e por la ca**rr**etera.	El pirata **r**inde el teso**r**o.
h/	**H**éctor es un **h**otelero **h**olandés.	
h/j	**H**ernán es **j**oven.	
ñ	Ma**ñ**ana el ni**ñ**o va a las monta**ñ**as y al ca**ñ**ón.	

---

[1] This sound varies in different regions of the Spanish-speaking world.

CAPÍTULO 3

Así es mi familia

Así se dice *Así es mi familia*

3-1 **La familia y las relaciones familiares.** Listen and write the numbers of the words you hear, next to the appropiate person, object or animal.

A.

B. Andrés y Julia, novio y novia (1997)

C. Andrés y Julia, marido y mujer (2000)

D. Los niños: Juanito y Elena (2005)

E. Los nietos con el abuelo Noé (2007)

F.

El cumpleaños de Juanito (2008)

3-2 **El álbum de fotos.** Here is a photo from Juanito's family album.

Paso 1. Look at the family photo and indicate the relationship between Juanito and the following people. Listen for confirmation.

> **Modelo:** You hear: ¿Quién es Noé?
>
> You say: **Noé es el abuelo.**
>
> 1. ... 2. ... 3. ... 4. ... 5. ... 6. ... 7. ... 8. ... 9. ... 10. ...

Paso 2. Look at the family photo and indicate the relationship between the following people. Listen for confirmation.

> **Modelo:** You hear: Julia y Clara
>
> You say: **Julia es la madre de Clara.**
>
> 1. ... 2. ... 3. ... 4. ... 5. ...

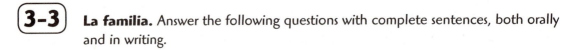 **3-3** **La familia.** Answer the following questions with complete sentences, both orally and in writing.

1. _____

2. _____

3. _____

4. _____

5. _____

Así se forma

1. Indicating possession and telling age: The verb *tener* and *tener... años*

3-4 **¿Qué tienen?** Listen to the following descriptions and indicate whether they are true or false for you.

1. ☐ cierto ☐ falso
2. ☐ cierto ☐ falso
3. ☐ cierto ☐ falso
4. ☐ cierto ☐ falso
5. ☐ cierto ☐ falso

3-5 **Los cumpleaños.** Listen to the conversation. Pepita and her friend Natalia talk about Pepita's birthday and the ages of her favorite grandmother and great grandmothers. As you listen, mark the appropriate age with an **X**.

1. Pepita cumple...   ☐ 20 años   ☐ 21 años
2. Su abuela favorita cumple...   ☐ 65 años   ☐ 55 años
3. Una de sus bisabuelas tiene...   ☐ 75 años   ☐ 85 años
4. Su otra (*other*) bisabuela tiene... ☐ 87 años   ☐ 97 años

3-6 **¿Cuántos años tienen?** Answer the following questions in complete Spanish sentences. You will hear each question twice.

1. _____
2. _____
3. _____
4. _____
5. _____

Así se dice

Relaciones personales

3-7 **Carmen y sus gemelas.** Listen to what Carmen has to say about her life as a single mother with twins. As you listen, complete the narration by writing the appropriate verb and the "personal **a**" in the blanks provided.

Mis gemelas, Tina y Mari, tienen tres años. _____ ___ mis hijas con todo el corazón. Cuando voy al trabajo o a la universidad, mi tía o la niñera _____ ___ las niñas. Todas las mañanas, al salir de la casa, _____ y _____ ___ Tina y a Mari. Mis padres y mis abuelos, que viven en Puerto Rico, _____ ___ las niñas todos los sábados y nos visitan dos veces al año.

Así se forma

2. Describing people and things: Descriptive adjectives

3-8 **¿Quién?** Listen to the following statements and indicate whether each describes Manuel, Linda, either Manuel or Linda, or both Manuel and Linda.

	Manuel	Linda	Manuel y Linda	Manuel o Linda
1.				
2.				
3.				
4.				
5.				
6.				

3-9 **Descripciones.** Listen to the descriptions of the people in the drawings. If they are correct, express agreement. If they are false, express disagreement and correct them. Listen for confirmation.

Modelo: You hear: Inés es baja.
　　　　　You say: **Sí, Inés es baja.** *o*
　　　　　　　　　　 No, Inés no es baja, es alta.
　　　　　Confirmation: Sí, Inés es baja. *o*
　　　　　　　　　　　 No, Inés no es baja, es alta.

1. ...　**2.** ...　**3.** ...　**4.** ...　**5.** ...　**6.** ...　**7.** ...　**8.** ...　**9.** ...　**10.** ...

1.

Pepita

Javier

2.

Octavio

Alfonso

el payaso

3.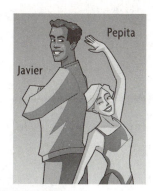

Natalia

4.

Esteban

Natalia

5.

el vagabundo   Octavio

6.

Inés

el ogro

7.

el ogro

Camila

 3-10 *¿Cómo son?* Listen to the following questions and answer with descriptions that include at least two characteristics. (If the question is about a person who does not exist for you or you do not know, make up the answer.) You will hear each question twice.

1. _____

2. _____

3. _____

4. _____

5. _____

6. _____

Así se forma

3. Indicating possession: Possessive adjectives and possession with *de*

A. Possessive adjectives

3-11 **Nuestro cuarto.** You went to study with your friend in his room. You are ready to leave now, but you are not sure which things are yours! Listen to your friend and indicate which things are yours (**Mis cosas**), his (**Cosas de mi amigo**), or his roommate's (**Cosas de su compañero**).

Modelo: You hear: Es mi libro.
You mark: **Cosas de mi amigo**

	Mis cosas	Cosas de mi amigo	Cosas de su compañero
1.			
2.			
3.			
4.			
5.			
6.			

3-12 **La universidad.** Your grandmother has heard about your life at college. Now she calls to see how you are doing. She does not have such great memory, so listen to her and confirm or correct her statements as in the model. Do not forget to use possessive adjectives. Listen for confirmation.

Modelo: You hear: Tienes unos profesores muy simpáticos, ¿verdad?
You say: **Sí, mis profesores son muy simpáticos.** *o*
No, mis profesores no son muy simpáticos.

Confirmation: Sí, mis profesores son muy simpáticos. *o*
No, mis profesores no son muy simpáticos.

1. ...   2. ...   3. ...   4. ...   5. ...   6. ...

3-13 **Vamos a la reunión.** Indicate with whom each person is attending the reunion. Listen for confirmation.

> **Modelo:** You hear: ¿Con quién vas a la reunión? (tíos)
> You say: **Voy con mis tíos.**
> Confirmation: Voy con mis tíos.

1. ...   2. ...   3. ...

B. Possession with *de*

Camila   Conchita

3-14 **Familiares y amigos.** Indicate the relationship between the individuals as portrayed in the illustrations. Listen for confirmation.

> **Modelo:** You hear: ¿Quién es Conchita?
> You say: **Es la hermana de Camila.**
> Confirmation: Es la hermana de Camila.

1. ...   2. ...   3. ...   4. ...   5. ...

hermanas

madre e hijas

abuelo y nieto

madre e hijo

hermanos

amigas

Así se forma

4. Indicating location and describing conditions: The verb *estar*

A. Indicating location of people, places, and things

3-15 **¿Dónde están?** Imagine that you and some of your friends are in the following photos. Answer the questions to say where you are. Listen for confirmation.

Modelo: You hear: ¿Dónde está Ricardo?

You say: **Ricardo está en la escuela.**

Confirmation: Ricardo está en la escuela.

1.

2.

3.

4.

B. Describing conditions

3-16 **¿Quién habla? ¿Y cómo está?** First, identify who is speaking according to the description. Then write the word that best describes the condition of the person.

Modelo: You hear: Tengo mucha tarea y un examen mañana. ¿Quién habla?
You say: **Natalia.**
Confirmation: Natalia.
You hear: ¿Cómo está?
You say: **Está muy ocupada.**
Confirmation: Está muy ocupada.
You write: _ocupada_

Está muy _____.

Está muy _____.

Está muy _____.

Está muy _____.

Está muy _____.

Está muy _____.

Está muy _____
y Manuel está _____.

3-17 **Una de mis personas favoritas.** Write the name of one of your favorite persons in the blank provided. Listen to each descriptive word or phrase and say whether it applies to the person. Mark **Sí** or **No** with an **X**. Then write the word or phrase in the appropriate column. Listen for confirmation.

Modelo: You hear: amable
You mark: ☒ Sí   ☐ No
You write: <u>amable</u>   in the **es** column.
Confirmation: Sí, es amable.

Una de mis personas favoritas es: _____

	es	**está**
☒ Sí ☐ No	amable	
☐ Sí ☐ No		
☐ Sí ☐ No		
☐ Sí ☐ No		
☐ Sí ☐ No		
☐ Sí ☐ No		
☐ Sí ☐ No		

3-18 **Preguntas para ti.** Answer the following questions in complete Spanish sentences. You will hear each question twice.

1. _____

2. _____

3. _____

4. _____

5. _____

Escenas

3-19 **Para eso están los amigos°**   **Para...** *That's what friends are for*

En la cafetería de la universidad, Inés está sola en una mesa tomando un café. Llega Pepita con Octavio.

Paso 1. Listen to the conversation between Pepita, Inés and Octavio and focus on the words and expressions that you know to get the general gist of the conversation. Then mark the statements that are correct according to what you heard.

1. ☐ Pepita presenta a Inés y Octavio.   ☐ Inés y Octavio son amigos.

2. ☐ Inés y Octavio hablan de sus clases.   ☐ Inés y Octavio hablan de sus familias.

3. ☐ Este fin de semana van a la biblioteca.   ☐ Este fin de semana van a una fiesta (*party*) de cumpleaños.

Paso 2. Look at the questions below and listen again, then answer the questions.

1. ¿De dónde es Octavio?

_____

2. ¿Quién tiene familia en España?

_____

3. ¿Dónde vive el primo de Octavio?

_____

4. ¿Para quién es la fiesta de cumpleaños?

_____

5. ¿Cuándo es la fiesta?

_____

6. ¿Quiénes están invitados?

_____

7. ¿Acepta Inés la invitación de Pepita?

_____

8. ¿Cómo van a la fiesta?

_____

Así se pronuncia

The pronunciation of *h* and *j*

(3-20) **h**   Remember that the Spanish **h** is never pronounced.

        hermana   **h**ombre   **h**ermanastro   **h**ermoso

      j   The Spanish **j** is pronounced like the **h** in the English word *help*.

        vie**j**o   **j**oven   mu**j**er de negocios

Repeat the following sentences to help perfect your pronunciation. Focus on the letters **h** and **j**.

h   **H**éctor y **H**elena tienen **h**ijos muy **h**onrados.

j   **J**osé y **J**uana tienen hi**j**os muy traba**j**adores.

Listen to the recording and select the word you hear. Note that the incorrect spellings do not correspond to any real words in Spanish.

1.   ☐ hamón   ☐ jamón
2.   ☐ mohado   ☐ mojado
3.   ☐ zanahoria   ☐ zanajoria
4.   ☐ paha   ☐ paja
5.   ☐ hueso   ☐ jueso
6.   ☐ trahe   ☐ traje

CAPÍTULO 4

¡A la mesa!

Así se dice *¡A la mesa!*

4-1 **En el mercado central.** Listen and write the number of the word you hear next to the appropriate food.

Dicho y hecho: Manual de laboratorio

4-2 **Alimentos para una buena salud (*health*).** Listen to the following recommendations for a healthy diet. As you listen, fill the table with the missing food categories and the food items mentioned. Then complete the spaces by the food pyramid with the appropriate food groups. You will listen to the text twice.

Granos	_____	_____	Aceites	Leche	Proteína

La pirámide del bienestar

Actividad física diaria

Aceites

Leche

Granos

Dicho y hecho: Manual de laboratorio

Así se forma

1. Expressing likes and dislikes: The verb *gustar*

4-3 *¿Te gusta?* Listen to the following list of foods and mark the answer that is appropriate and true for you.

Modelo: You hear: las fresas

You see: ☐ Sí, me gusta.   ☐ Sí, me gustan.
                 ☐ No, no me gusta.   ☐ No, no me gustan.

You mark: ☒ Sí, me gustan.   *o*   ☒ No, no me gustan.

1. ☐ Sí, me gusta.   ☐ Sí, me gustan.   ☐ No, no me gusta.   ☐ No, no me gustan.
2. ☐ Sí, me gusta.   ☐ Sí, me gustan.   ☐ No, no me gusta.   ☐ No, no me gustan.
3. ☐ Sí, me gusta.   ☐ Sí, me gustan.   ☐ No, no me gusta.   ☐ No, no me gustan.
4. ☐ Sí, me gusta.   ☐ Sí, me gustan.   ☐ No, no me gusta.   ☐ No, no me gustan.
5. ☐ Sí, me gusta.   ☐ Sí, me gustan.   ☐ No, no me gusta.   ☐ No, no me gustan.
6. ☐ Sí, me gusta.   ☐ Sí, me gustan.   ☐ No, no me gusta.   ☐ No, no me gustan.

4-4 *¡Me gusta!* Answer the following questions to indicate the likes or dislikes of the people mentioned.

Modelo: You hear: ¿Te gustan las fresas?

You write: <u>Sí, me gustan las fresas. *o* No, no me gustan las</u>
<u>fresas.</u>

1. _____

2. _____

3. _____

4. _____

5. _____

6. _____

7. _____

8. _____

Así se forma

4-5 **Los hábitos y las preferencias de Pepita.** Listen to the four conversations between Alfonso and Pepita. As you listen, mark with an **X** Pepita's habits and preferences.

1. Pepita duerme   ☐ de 8 a 9 horas   ☐ 5 horas
2. Pepita almuerza   ☐ en la cafetería   ☐ en el centro estudiantil
3. Pepita prefiere   ☐ la comida de *McDonald's* ☐ la comida de *Olive Garden*
4. Pepita y sus amigas piden ☐ la pizza con ajo y cebollas ☐ la pizza con jamón y piña

4-6 **La confesión de Esteban.** Listen to Esteban's narration about his lazy habits. As you listen, write the missing verbs in the blanks. The paragraph will be read a second time. Check your responses.

Sí, es verdad. Soy un poco perezoso; bueno, muy perezoso. _____ estudiar por la noche, cuando estudio. Por la tarde _____, _____ a mi cuarto, y luego _____ la siesta. Es mi rutina; de lo contrario no _____ funcionar bien el resto del día. Verdaderamente, _____ que es indispensable recargar las baterías. No _____ a esa gente que trabaja sin descanso. Es necesario saber vivir. ¿Para qué _____ las buenas notas cuando uno es infeliz?

4-7 **Querer y poder.** Answer the following questions. Mark with an **X** the verb that you used in your answer. Listen for confirmation.

Modelo: You hear: ¿Quieres almorzar ahora?

You say: **Sí, quiero almorzar ahora. o**
No, no quiero almorzar ahora.

You mark: X quiero

Confirmation: Sí, quiero almorzar ahora. o
No, no quiero almorzar ahora.

1. __ quiero __ quieres __ quiere __ queremos __ quieren
2. __ quiero __ quieres __ quiere __ queremos __ quieren
3. __ quiero __ quieres __ quiere __ queremos __ quieren
4. __ puedo __ puedes __ puede __ podemos __ pueden
5. __ puedo __ puedes __ puede __ podemos __ pueden
6. __ puedo __ puedes __ puede __ podemos __ pueden

Así se dice

Las comidas y las bebidas

4-8 **¿Qué comidas y bebidas hay?** Listen and write the number of the word you hear next to the appropriate foods.

Es la hora del desayuno. ¿Qué hay en la mesa?

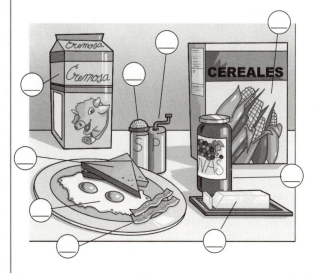

¿Qué hay para el almuerzo?

¿Qué otras comidas y bebidas hay?

4-9 **El desayuno en un restaurante mexicano-americano.** Listen to the following conversation. As you listen, mark with an X the foods and beverages that Linda and Manuel each order.

Linda pide:
- ☐ un yogur de fresa
- ☐ huevos fritos
- ☐ pan tostado con mantequilla
- ☐ jugo de naranja
- ☐ café

- ☐ un yogur de vainilla
- ☐ huevos revueltos
- ☐ pan tostado sin mantequilla
- ☐ jugo de manzana
- ☐ té

Manuel pide:
- ☐ huevos fritos
- ☐ tocino
- ☐ café con crema y azúcar
- ☐ jugo de naranja

- ☐ huevos rancheros con tortillas y frijoles
- ☐ salchicha
- ☐ café sin crema y azúcar
- ☐ agua

Dicho y hecho: Manual de laboratorio

Así se forma

3. Counting from 100 and indicating the year

4-10 **En el mercado.** Imagine that you are going grocery shopping.

Paso 1. Listen to the following list of items for sale and their prices. As you listen, write the prices **(pesos per kilo)** for each item.

ESPECIAL DEL DÍA

tomates __**100**__/Kg
papas_____/Kg
cebollas_____/Kg
fresas_____/Kg
camarones_____/Kg
uvas_____/Kg
pescado_____/Kg

Paso 2. Now listen to the combinations of vegetables, fruits, or seafood that you are going to buy. Calculate the price and write it down. Listen for confirmation.

1. _____   3. _____   5. _____

2. _____   4. _____   6. _____

4-11 **Años importantes.** Look at the list of important events in history below. Then listen to the years when these events took place and write each year by the corresponding event. Listen for confirmation.

Modelo: You hear: 1588

You write: _1588_ La destrucción de la Armada Invencible de España.

Confirmation: 1588: La destrucción de la Armada Invencible de España.

_____ Cristóbal Colón llega al Nuevo Mundo.

_____ La Declaración de Independencia de EE.UU.

_____ Fin de la Guerra Civil en los EE.UU.

_____ Fin de la Segunda Guerra Mundial.

_____ La caída (*fall*) del Muro de Berlín.

_____ La caída de las Torres Gemelas (*twin*).

Así se forma

4. Asking for specific information: Interrogative words (A summary)

4-12 **Solicitando información.** Listen to each statement about Mrs. Martínez and mark with an **X** the question that corresponds to it.

Modelo: You hear: La señora Martínez no es la profesora.

You mark: ☒ ¿Quién es la profesora?

☐ ¿Quiénes son los profesores?

1. ☐ ¿Dónde está?   ☐ ¿De dónde es?

2. ☐ ¿Adónde va?   ☐ ¿Dónde vive?

3. ☐ ¿Cuál es su ciudad favorita?   ☐ ¿En qué ciudad está?

4. ☐ ¿Cuántos hijos tiene?   ☐ ¿Cuántas hijas tiene?

5. ☐ ¿Cuánto trabaja?   ☐ ¿Cuándo trabaja?

6. ☐ ¿Por qué estudia?   ☐ ¿Qué estudia?

7. ☐ ¿Adónde va?   ☐ ¿De dónde es?

4-13 **Preguntas para ti.** Answer the following questions in complete Spanish sentences. You will hear each question twice.

1. _____

2. _____

3. _____

4. _____

5. _____

Escenas

4-14 **¿Qué hay para cenar?**

Frente a la cafetería de la universidad. Es hora de cenar y Natalia lee el menú en la entrada. Llegan Camila y Esteban.

Paso 1. Based on the title and introduction, try to anticipate what types of foods Camila, Esteban, and Natalia may find on the menu.

sopa de verduras	pescado	ensalada de fruta	crema de espárragos
bistec de res	flan	papas	pollo frito (*fried*)

Paso 2. Listen to the conversation focusing on the main ideas and indicate which of the following statements are true (**Cierto**) or false (**Falso**).

	Cierto	Falso
1. A Camila, Esteban y Natalia les gusta el menú del restaurante.	☐	☐
2. La comida del restaurante es saludable y nutritiva.	☐	☐
3. Van a cenar en el restaurante La Isla.	☐	☐
4. Deciden preparar la cena en casa.	☐	☐

Paso 3. Look at the questions below and listen again. This time focus on the specific information you need to answer the questions. You may take notes as you listen.

1. ¿Qué hay en el menú de hoy?

   _____

2. ¿Por qué no quiere Camila comer la ensalada de papa y zanahoria?

   _____

3. ¿Qué desea comer Esteban? ¿Y Camila?

   _____

4. ¿Van a un restaurante? ¿Por qué?

   _____

5. ¿Adónde van a cenar?

_____

6. ¿Qué va a preparar cada persona?

_____

Así se pronuncia

The pronunciation of *gue/gui* and *que/qui*

4-15 Remember that **g** before **a, o,** and **u** has the same sound as the English **g** in **gold**.

langosta   galleta   gustar   jugo

But **g** before **e** or **i** has the same sound as **j** (as the English *h* in *help*).

argentino   colegio   gimnasio   jengibre (*ginger*)

In the combinations **gue, gui, que,** and **qui,** remember that the **u** is silent.

hamburguesa   guisantes   queso   mantequilla

Repeat the following sentences:

g   A mucha gente le gusta tomar jugo y galletas para desayunar.

gue/gui   Al señor Guerra le gustan los guisantes y las fresas con merengue.

que/qui   Raquel Quintana quiere comprar queso y mantequilla.

Now listen and identify the correct spelling of the following words. The incorrect spellings do not correspond to any real words in Spanish.

1. ☐ gitarra   ☐ guitarra

2. ☐ congelar   ☐ conguelar

3. ☐ girar   ☐ guirar

4. ☐ gapa   ☐ guapa

5. ☐ gotera   ☐ guotera

6. ☐ geranio   ☐ gueranio

7. ☐ gardia   ☐ guardia

8. ☐ gerra   ☐ guerra

CAPÍTULO 5

Recreaciones y pasatiempos

Así se dice *Recreaciones y pasatiempos*

5-1 **Un sábado por la tarde.** It's Saturday afternoon and many people are enjoying the park. Listen and indicate which pastime or sport each person likes by writing the number of the sentence that best describes the activity in the appropriate space.

5-2 **Gimnasio-Club deportivo.** Determine in which club activities Pepita, Linda, and Alfonso probably want to participate. Listen to their interests and write a **P** (Pepita), an **L** (Linda), or an **A** (Alfonso) by the activities each might enjoy.

GIMNASIO-CLUB DEPORTIVO

_____ Equipo cardiovascular
_____ Pesas
_____ Aeróbic
_____ Karate
_____ Taekuondo
_____ Piscina°/Natación
_____ Ping-Pong

swimming pool

Abierto lunes–viernes 6:00 a. m.–10:00 p. m.
sábado, domingo 8:00 a. m.–6:00 p. m.
Avenida del Mar 10097

5-3 **¿Qué actividad es?** Listen to the following descriptions and identify the activity, both orally and in writing.

1. _____   3. _____

2. _____   4. _____

Así se dice

Los colores

5-4 **¿De qué color?** Listen to the following lists of foods and drinks and indicate which color you associate with them.

1. _____

2. _____

3. _____

4. _____

5. _____

Dicho y hecho: Manual de laboratorio

Así se dice

Más actividades y deportes

5-5 **¿Qué haces?** Listen to the following activities and indicate how often you do each.

	siempre	generalmente	a veces	casi nunca	nunca
1.					
2.					
3.					
4.					
5.					
6.					

Así se forma

1. Talking about activities in the present: Additional *yo*-irregular verbs

A. *Saber* and *conocer*

5-6 **¿Saber o conocer?** Listen to each cue provided. Then make a negative or an affirmative statement and select **sé** or **conozco** to accurately complete each sentence. Mark your answer with an **X**.

Modelo: You hear: hablar francés

You say: **Sí, sé hablar francés.** *o* **No, no sé hablar francés.**

You mark: ☒ sé ☐ conozco

1. ☐ sé ☐ conozco   **5.** ☐ sé ☐ conozco

2. ☐ sé ☐ conozco   **6.** ☐ sé ☐ conozco

3. ☐ sé ☐ conozco   **7.** ☐ sé ☐ conozco

4. ☐ sé ☐ conozco   **8.** ☐ sé ☐ conozco

B. Additional verbs with an irregular *yo* form

5-7 **¿Qué hace Pepita?** ¿Y tú? Answer the questions about Pepita's activities based on the illustrations below. Then, answer the questions about what you do. Answer each question both orally and in writing.

Modelo: You hear: ¿Qué hace Pepita por la mañana?

You say and write: **Hace ejercicio.**

You hear: Y tú, ¿haces ejercicio por la mañana?

You say and write: **Sí, hago ejercicio por la mañana.** *o*

No, no hago ejercicio por la mañana.

1. _____   2. _____

_____   _____

3. _____   4. _____

_____   _____

5-8 **Preguntas para ti.** Answer the following questions in complete sentences. You will hear each question twice.

1. _____

2. _____

3. _____

4. _____

5. _____

Así se dice

Preferencias, obligaciones e intenciones

5-9 **Preferencias y obligaciones**

Paso 1. First, identify the person who corresponds to the description. Then answer the questions about each person. Listen for confirmation.

1.
Esteban

2.
Inés

3.
Javier

4.
Rubén

5.
Linda

Paso 2. ¿Y tú?

Debo _____.

Tengo que _____.

Tengo ganas de _____.

Así se forma

2. Making Future plans: *Ir + a + infinitive*

5-10 **¿Qué van a hacer?** Listen to the following descriptions and indicate who is going to do each one. Then, fill in the blank with a plausible reason why each person will do each activity.

1. ☐ yo   ☐ ella   ...porque _____.

2. ☐ Tina   ☐ ellos   ...porque _____.

3. ☐ tú   ☐ nosotros ...porque _____.

4. ☐ ustedes ☐ usted   ...porque _____.

5. ☐ nosotros ☐ tú   ...porque _____.

Así se dice

El tiempo y las estaciones

5-11 **¿Qué tiempo hace? ¿Qué estación es?** According to the drawings, indicate the weather and the seasons.

Modelo: You hear: ¿Qué tiempo hace?
You say and write: **Hace sol.**
You hear: ¿Y cuál es la estación?
You say and write: **Es verano.**

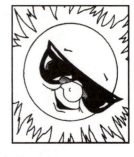

1.

_____

_____

2.

_____

_____

3.

_____

_____

4.

5.

6.

_____   _____   _____

_____   _____   _____

Así se forma

3. Emphasizing that an action is in progress: The present progressive

5-12 ¿Qué están haciendo?

Paso 1. According to the drawings, indicate what each person is doing. Listen for confirmation.

1.

2.

3.

4.

5.

6.

Paso 2. Now listen to the questions and answer in the spaces below.

1. _____

2. _____

3. _____

Así se forma

4. Describing people, places, and things:
Ser and *estar* (A summary)

5-13 **Natalia.** Listen to the words or phrases that describe Natalia and her day at the park. Select **es** or **está** to accurately complete each sentence. Mark your answers with an **X**.

Modelo: You hear: lunes

You say: **Es lunes.**

You mark: ☒ es ☐ está

1. ☐ es ☐ está   **4.** ☐ es ☐ está   **7.** ☐ es ☐ está

2. ☐ es ☐ está   **5.** ☐ es ☐ está   **8.** ☐ es ☐ está

3. ☐ es ☐ está   **6.** ☐ es ☐ está   **9.** ☐ es ☐ está

5-14 **Javier y Samuel.** Answer the questions about Javier and his younger brother Samuel according to the drawing and according to your imagination. You will hear each question twice.

1. _____

2. _____

3. _____

4. _____

5. _____

6. _____

5-15 **Preguntas para ti.** Answer the following questions in complete sentences. You will hear each question twice.

1. _____

2. _____

3. _____

4. _____

5. _____

6. _____

Escenas

5-16 **Un deportista muy serio**

El sábado por la mañana en el parque cerca de la universidad. Esteban duerme en la
grass   _hierba°. Llega Pepita._

Paso 1. In pairs, answer the following question and justify your answer: Based on what you
know about Esteban, do you think he is very committed to playing sports?

Paso 2. Listen to the conversation between Pepita and Esteban and indicate whether the
following statements are true (_Cierto_) or false (_Falso_).

	Cierto	Falso
1. Esteban está tomando el sol en la hierba.	☐	☐
2. Pepita invita a Esteban a jugar al voleibol.	☐	☐
3. Esteban se cansa mucho (_gets very tired_) cuando hace deporte.	☐	☐
4. Esteban es un deportista muy dedicado.	☐	☐

Paso 3. Look at the questions below and listen again. Then answer the questions.

1. ¿Dónde está Esteban? ¿Qué hace?

   _____

2. ¿Con quién va a jugar Pepita al voleibol?

   _____

3. ¿Cuál es el deporte favorito de Esteban?

   _____

4. ¿Hace Esteban ejercicio? ¿Piensas que es mucho o poco ejercicio?

   _____

5. ¿Por qué está Esteban descansando?

   _____

6. ¿Cuál es el otro deporte favorito de Esteban?

   _____

Así se pronuncia

5-17 **The pronunciation of the consonants _ll_ and _v_**

ll   Remember that double **l** approximates the English _y_ sound as in _yes_.

   llueve   **ll**oviendo   **ll**uvia   **ll**over

v/b   Both are pronounced similarly. In initial position **v/b** is pronounced like the English _b_ in _boy_. Between vowels, the lips are barely touching.

   voleibol   **v**iento   **v**iolín   **v**iernes

   llueve   lloviendo   lluvia   llover

   Repeat the sentences to practice the pronunciation of ll and v.

ll   En las noches de luna **ll**ena° las estre**ll**as° bri**ll**an°.   _full moon; stars; shine_

v   El **v**iento mue**v**e la **v**ela° suavemente°.   _sail; softly_

CAPÍTULO 6

La vida diaria

Así se dice *La vida diaria*

6-1 **En la residencia estudiantil.**

Paso 1. Es jueves por la mañana y todos se preparan para ir a la universidad. Escucha y escribe el número que corresponde con cada actividad.

Por la mañana

Camila · Celia · Alex · Tomás · Cristina · Rosa · Natalia · Sonia · Lupe · Inés · Pepita · Alfonso · Pedro · Felipe · José · Octavio

Dicho y hecho: Manual de laboratorio

Paso 2. Ya acabaron las clases. Algunas personas descansan y otros tienen que estudiar. Escucha y escribe el número que corresponde a cada actividad.

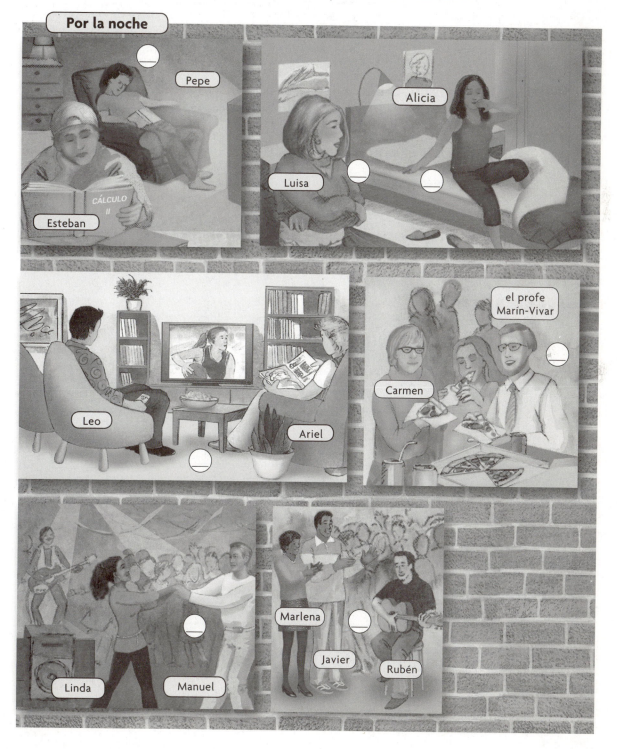

6-2 **Las cosas que necesita Inés.** Encuentra en la lista el objeto que necesita Inés para hacer cada actividad. Escribe el número al lado del objeto.

Modelo: Oyes: 1. Inés sale de la ducha y va a secarse. ¿Qué necesita?

Escribes: <u>1</u> al lado de **la toalla**

___ el gel   ___ el secador de pelo   ___ el champú

___ las tijeras   ___ el despertador   ___ la pasta de dientes

___ el jabón   ___ la rasuradora

6-3 **Una dentista habla.** Escucha la opinión de una dentista sobre los cepillos de dientes eléctricos y los manuales. Después de escuchar, marca con una "X" la opinión de la dentista.

La opinión de la dentista es que...

☐ los cepillos eléctricos son mejores.

☐ los cepillos manuales son mejores.

☐ los dos son buenos; lo importante es usarlos adecuadamente.

Así se forma

1. Reflexive verbs: Talking about daily routines

6-4 **El horario de Pepita.** Escucha la rutina diaria de Pepita y completa la información que no está en la tabla.

Actividad	Hora
se despierta	
	7:15
se baña	
	7:40
va a clase	
	12:30
hace ejercicio	
	6:00
se acuesta	

6-5 **Mi horario.** Escucha cada pregunta y contesta según tu rutina diaria. Incluye la hora (**...a las 8:00**, etc.) o el momento del día (**por la mañana/tarde/noche**, etc.) cuando ocurre cada actividad.

Modelo: Oyes: ¿A qué hora te despiertas?

Dices y escribes: **Me despierto a las 8:00.**

1. _____

2. _____

3. _____

4. _____

5. _____

6. _____

7. _____

8. _____

9. _____

10. _____

11. _____

12. _____

6-6 **Preguntas para ti.** Contesta las preguntas siguientes con oraciones completas. Vas a escuchar cada pregunta dos veces (*twice*).

1. _____

2. _____

3. _____

4. _____

5. _____

6. _____

7. _____

6-7 **Rápidamente.** Escucha cada adjetivo. Transfórmalo en un adverbio y escríbelo en el espacio para completar la oración. Después lee la oración entera y escucha para confirmar la respuesta.

Modelo: Ves: Voy a contarles lo que _____ hago por la mañana.

Oyes: normal

Escribes: <u>normalmente</u>

Dices: **Voy a contarles lo que normalmente hago por la mañana.**

1. Cuando suena el despertador, no me despierto _____.

2. Me despierto _____.

3. Y nunca me levanto _____.

4. Al levantarme, _____ me ducho y me lavo el pelo.

5. _____, me pongo jeans y un suéter.

6. _____, desayuno en la cafetería.

7. _____ después, me voy a clase.

8. _____, a veces llego un poco tarde.

Así se forma

2. Reciprocal constructions

6-8 **¿Ellos o nosotros?** Escucha cada oración e indica quiénes son los que hacen cada cosa.

Modelo: Oyes: Se saludan.

Eliges: ☒ Marta y Elena ☐ Mi amigo y yo

1. ☐ La mamá y su hija ☐ Mi mamá y yo

2. ☐ Los estudiantes ☐ Mis amigos y yo

3. ☐ Pedro y Enrique ☐ Pedro y yo

4. ☐ Ana y Laura ☐ Mi hermano y yo

5. ☐ El profesor y el alumno ☐ Mi pareja y yo

Así se dice

Algunas profesiones

6-9 **Algunas profesiones.** Escucha las descripciones de las profesiones e identifica a cada persona. Escribe el número debajo de la ilustración y después di el nombre.

Modelo: Oyes: Es ama de casa.
Escribes: _1_ debajo de la **señora Casona**
Dices: **Es la señora Casona.**

el señor Vega

_____

la señora Vega

_____

el doctor López

_____

la señorita Rojas

_____

la señora Ruiz

_____

el señor Gómez

_____

la señorita Cortés

_____

la señora Casona

_1_

6-10 **Anuncios de empleo.** Primero, escucha las descripciones de los anuncios (*ads*) de trabajo a la derecha (*on the right*). Después, escucha la descripción de las personas y determina qué trabajo es más apropiado para cada persona. En el espacio, escribe la letra (a, b,...) que corresponde al trabajo apropiado.

____ **1.** Laura González

____ **2.** Pedro Sánchez

____ **3.** Pablo Caputo

____ **4.** Fernanda Blanco

____ **5.** Ana Rojas

a.

ASISTENTES DE MARKETING
relacionistas públicos

Entrevista personal, lunes 20 de julio, de 10:00 a 13:00 hrs. y de 16:00 a 18:00 hrs. en Av. 11 de septiembre, 1987, piso 10, oficina 120.

b.

CONTADOR/A AUDITOR/A

con experiencia y recomendaciones para administración y finanzas. Enviar currículum al Fax: **2-27-52-84**

c.

PROFESORA DE AEROBICS

Urgente necesito. Presentarse lunes de 8:30 en adelante.

Zapatillo 85, San Bernardo. 8-58-43-21

d.

DISEÑADOR GRÁFICO

Enviar currículum a Fonofax: 8-56-12-87

(OPERADOR MACINTOSH) con experiencia mínima dos años en escáner y matricería digital.

e.

PROFESOR/A DE COMPUTACIÓN

laboratorio multimedia, disponibilidad inmediata. Currículum personalmente. Avenida Colón 36715, la Cisterna.

6-11 **El trabajo de tiempo parcial.** Los estudiantes en los dibujos siguientes tienen trabajos de tiempo parcial. Escucha cada descripción e indica a quién describe.

Carmen

Linda

Alfonso y Natalia

Octavio

1. _____   4. _____

2. _____   5. _____

3. _____

Ahora contesta las siguientes preguntas. **Pista (*Hint*): Me gustaría/ No me gustaría...**
I would like/I wouldn't like...

6. _____

7. _____

8. _____

9. _____

10. _____

Así se dice

3. The preterit of regular verbs and *ser/ir* : Talking about actions in the past

6-12 **Una tarde de sábado.** Escucha a Rubén hablar sobre lo que él y sus amigos hicieron el sábado e indica quién hizo cada actividad. Después, di y escribe si tú hiciste lo mismo.

Modelo: Oyes: Fui al parque.

Marcas: **Rubén**

Dice y escribes: **Yo fui al parque también.** *o*
Yo no fui al parque.

	Rubén (yo)	Manuel (él)	Rubén y Manuel (nosotros)	Tú
1.				
2.				
3.				
4.				
5.				
6.				

6-13 **¿Qué hicieron tú y tus amigos el fin de semana?** Escucha las preguntas sobre lo que tú y tus amigos hicieron este fin de semana. Primero marca con una "X" **Sí,...** o **No, no**.... Después escribe la forma correcta del verbo y completa la oración con detalles.

Modelo: Oyes: ¿Comieron en un restaurante?

Marcas: ☐ Sí,... o ☐ No, no...

Escribes: <u>Sí, comimos en un restaurante mexicano el</u>
<u>sábado por la noche. **o** No, no comimos en un</u>
<u>restaurante mexicano el sábado por la noche.</u>

1. ☐ Sí,... ☐ No, no... _____

2. ☐ Sí,... ☐ No, no... _____

3. ☐ Sí,... ☐ No, no... _____

4. ☐ Sí,... ☐ No, no... _____

5. ☐ Sí,... ☐ No, no... _____

6. ☐ Sí,... ☐ No, no... _____

6-14 **La rutina matinal de Inés.** Describe lo que hizo Inés esta mañana, usando las palabras abajo para empezar cada oración. Escucha para confirmar tus respuestas.

1.

Primero,...

2.

Luego,...

3.

Después,...

4.

Entonces,...

5.

Y más tarde,...

6.

Finalmente,...

6-15 **Preguntas para ti.** Contesta las preguntas en oraciones completas. Vas a escuchar cada oración dos veces.

1. _____

2. _____

3. _____

4. _____

5. _____

Así se forma

4. Direct-object pronouns

6-16 **Por la mañana.** Tu compañero/a de cuarto llega tarde a clase y te pregunta sobre algunas cosas. Escucha sus preguntas e indica a qué opción se refiere. ¡Pon atención a los pronombres!

1. a. el secador de pelo　　b. la rasuradora　　c. los zapatos　　d. las tijeras

2. a. el champú　　b. la pasta de dientes　c. los libros　　d. las llaves

3. a. el cepillo　　b. la ropa　　c. los cuadernos　　d. las toallas

4. a. el cereal　　b. la leche　　c. los plátanos　　d. las fresas

5. a. el libro de español　b. la mochila　　c. los lápices　　d. las tareas

6-17 **Una fiesta.** Vas a dar una fiesta esta noche. Escucha las preguntas de tu amigo y sigue las indicaciones abajo para contestar, usando los pronombres de objeto directo correctos.

Modelo: Oyes:　　　¿Invitaste a Elena?
　　　　　Respondes:　Sí, _____.
　　　　　Escribes:　**Sí, la invité.**

Palabra útil: invitar *to invite*

1. Sí, _____.

2. No, _____.

3. Sí, _____.

4. Sí, _____.

5. No, _____.

6. Sí, _____.

7. Sí, _____.

Escenas

6-18 La guerra° del baño   *war*

Paso 1. Con base en el título, anticipa sobre lo que Javier y Clara podrían estar hablando.

    a. Javier se afeita y Clara se seca el pelo mientras conversan sobre sus clases.

    b. Javier está esperando para usar el baño pero su hermana Clara está allí.

    c. Clara pide a Javier una toalla y Javier la trae para ella.

Paso 2. Ahora escucha la conversación. ¿Adivinaste (*Did you guess*) correctamente en el Paso 1?

Paso 3. Lee las siguientes preguntas. Trata de (*Try to*) responderlas mientras escuchas la conversación de nuevo.

1. ¿Por qué está enojado Javier?
   ☐ Clara no quiere darle una toalla. ☒   ☐ Clara no permite a Javier usar el baño.

2. ¿Qué necesita hacer Javier en el baño?
   ☐ Peinarse.   ☐ Ducharse.

3. ¿Qué más tiene que hacer Clara?
   ☐ Tiene que secarse el pelo solamente.   ☐ Tiene que hacer muchas cosas.

4. ¿Por qué no puede esperar Javier?
   ☐ Tiene que ir a la universidad.   ☐ Tiene que ir al trabajo.

5. ¿Qué tiene que hacer Javier en el futuro para solucionar este problema?
   ☐ Levantarse más temprano.   ☐ Peinarse en su cuarto.

Así se pronuncia

The pronunciation of *r* and *rr*

6-19 **r** (except in word-initial position) approximates the sound of *tt* as in *Betty* or *dd* as in *Eddy*.

desodorante   quedarse   tijeras   muro

Word-initial r and rr have a trilled sound as in mimicking a motorcycle.

rápidamente   restaurante   cerrar   Roma

Listen to the following verse and repeat:

Erre con erre cigarro,

erre con erre barril.

Rápido corren los carros,

carros del ferrocarril°.   *railroad*

¿Qué palabra es? Now you are going to work with a partner to practice the pronunciation of **r**. Exaggerating the pronunciation when you first practice new sounds will help you figure out how it's done, so don't be shy!

Paso 1. Look at the pairs of words below (all real Spanish words!) and note there is only one difference to set them apart, what is it? Obviously, making that difference in pronunciation is essential to avoid misunderstandings.

Work in pairs, Estudiante A will underline one word in each pair for pairs 1 – 3 and Estudiante B will do the same for pairs 4 – 6.

	Estudiante A			**Estudiante B**	
1.	caro	carro	4.	para	parra
2.	pero	perro	5.	moro	morro
3.	coro	corro	6.	ahora	ahorra

Paso 2. Each of you will read <u>the words you underlined</u> for your partner, who will listen and select the word she/he hears from each pair. After you finish, check your answers.

CAPÍTULO 7

Por la ciudad

Así se dice *Por la ciudad*

7-1 **¡Vamos al centro!** Escucha estas preguntas, contéstalas (*answer them*) y escribe el número de la oración en el círculo apropiado. Después, escucha la confirmación.

Modelo: Oyes: **1.** ¿Dónde podemos ver arte en la ciudad?

Dices: **En el Museo de Arte Colonial.**

Escribes: _1_ en el círculo En el Museo de Arte Colonial

Confirmación: En el Museo de Arte Colonial.

7-2 **¿Adónde vamos?** Escucha a estas personas e indica la opción que representa el lugar adonde van.

Modelo: Oyes: **1.** Necesito ropa, zapatos y otras cosas.

Escribes: _e_ junto al número 1

1. _e_   a. al quiosco

2. ___   b. a la iglesia

3. ___   c. al cine

4. ___   d. al teatro

5. ___   e. al centro comercial

6. ___   f. al banco

Así se dice

En el centro

7-3 **¿Lógico o no?** Escucha las oraciones e indica si son lógicas o no.

Modelo: Oyes: Quiero ir al museo cuando cierra.
Marcas: ☐ Lógico   ☒ Ilógico

1. ☐ Lógico   ☐ Ilógico

2. ☐ Lógico   ☐ Ilógico

3. ☐ Lógico   ☐ Ilógico

4. ☐ Lógico   ☐ Ilógico

5. ☐ Lógico   ☐ Ilógico

6. ☐ Lógico   ☐ Ilógico

Así se forma

1. Indicating relationships: Prepositions
A. Prepositions of location and other useful prepositions

7-4 **¿Dónde está situado?** Contesta las preguntas según el dibujo de las páginas LM 78–79 y marca con una **X** la respuesta correcta.

Modelo: Oyes: ¿Está la oficina de correos al lado del bar o frente al bar?
Dices: **Está al lado del bar.**
Marcas: ☒ al lado del bar ☐ frente al bar

1. ☐ detrás de la pizzería   ☐ al lado de la pizzería

2. ☐ entre la zapatería y el restaurante   ☐ entre el restaurante y el cine

3. ☐ detrás de la zapatería   ☐ enfrente de la zapatería

4. ☐ lejos de la estatua   ☐ cerca de la estatua

5. ☐ enfrente del quiosco   ☐ detrás del quiosco

6. ☐ dentro de la iglesia   ☐ fuera de la iglesia

7. ☐ frente a la oficina de correos   ☐ al lado de la oficina de correos

7-5 **¿Dónde están los gatos?** Escucha donde está cada gato y escribe el número en el círculo apropiado. Vas a escuchar cada oración dos veces.

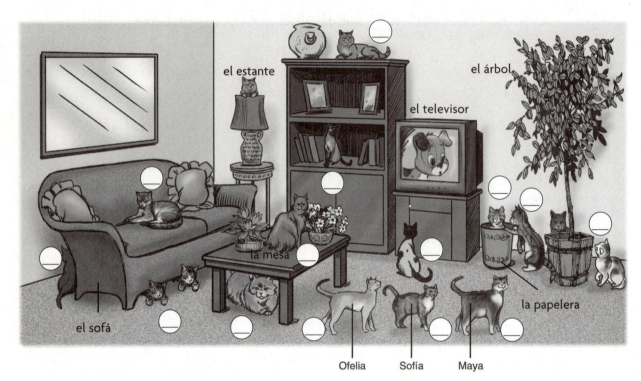

7-6 **¿Para quién?** Manuel está hablando con Linda de sus planes para esta tarde. Escucha a Manuel e indica a quién se refiere en cada oración.

1. "conmigo" se refiere a...
   a. Manuel   b. Linda   c. Octavio   d. Manuel y Octavio

2. "con él" se refiere a...
   a. Manuel   b. Linda   c. Octavio   d. Manuel y Octavio

3. "con nosotros" se refiere a...
   a. Manuel   b. Linda   c. Octavio   d. Manuel y Octavio

4. "con él" se refiere a...
   a. Manuel   b. Linda   c. Octavio   d. Manuel y Octavio

5. "contigo" se refiere a...
   a. Manuel   b. Linda   c. Octavio   d. Manuel y Octavio

6. "para ti" se refiere a...
   a. Manuel   b. Linda   c. Octavio   d. Manuel y Octavio

Así se forma

2. Demonstrative adjectives and pronouns

7-7 **Linda va de compras.** Linda visita una zapatería y un almacén y habla con las dependientas. Les indica los zapatos, ropa, etc. que desea ver. Escucha las conversaciones y complétalas (*complete them*) con los demostrativos apropiados.

1. En la zapatería:

DEPENDIENTA: ¿Qué zapatos desea usted ver, señorita?

LINDA: _____ de color rojo, _____ negros y _____ de color café.

DEPENDIENTA: Hoy las sandalias se venden a precio especial.

LINDA: ¡Qué bien! Entonces, quisiera ver _____ blancas allí, _____ rosadas y _____ de color amarillo.

2. En el almacén:

DEPENDIENTA: ¿Desea usted ver los suéteres, señorita?

LINDA: Sí, por favor. _____ de color verde, _____ azul y... _____ de color naranja.

DEPENDIENTA: También tenemos blusas muy bonitas. ¿Desea verlas?

LINDA: Por supuesto. Me gustaría ver _____ blusa blanca, _____ de color beige y _____ de color violeta.

7-8 **¿Cuál quieres?** Escucha a la dependienta de la pastelería y responde usando pronombres demostrativos apropiados para indicar si las cosas que quieres están aquí (**este/a/os/as**), cerca (**ese/a...**) o lejos (**aquel/aquella...**).

Modelo: Oyes: ¿Quiere usted galletas?
Ves: (lejos)
Dices: **Sí, quiero aquellas.**

1. (aquí)   **2.** (cerca)   **3.** (cerca)   **4.** (aquí)   **5.** (lejos)   **6.** (cerca)

7-9   **Preferencias diferentes.** Tu compañero de piso y tú están en el supermercado comprando algunas cosas juntos. Escucha a tu compañero y responde con la forma apropiada.

Modelo: Oyes: ¿Qué leche tomas?
Ves: a. ese   b. esa   c. esos   d. esas
Dices: **Tomo esa.**

1. a. este   b. esta   c. estos   d. estas

2. a. ese   b. esa   c. esos   d. esas

3. a. aquel   b. aquella   c. aquellos   d. aquellas

4. a. ese   b. esa   c. esos   d. esas

5. a. aquel   b. aquella   c. aquellos   d. aquellas

6. a. este   b. esta   c. estos   d. estas

Así se forma

3. Talking about actions in the past: The preterit of *hacer* and stem-changing verbs

A. *Hacer* (y otros verbos en el pretérito)

7-10   **Lo que hizo Natalia.** Escucha la narración de Natalia y completa con los verbos que faltan (*that are missing*).

Ayer no _____, pero sí _____ muchas cosas. Era sábado, así que _____, _____ y tranquilamente. A las diez de la mañana, Pepita y yo _____ al gimnasio e _____ ejercicio. Después _____ a la biblioteca para llevar unos libros. _____ a mi cuarto, y _____ a Inés para hacer planes. _____ a un restaurante vegetariano y luego, _____ compras en el centro comercial. Por la noche, _____ con nuestros amigos. _____ a una fiesta que Linda y Manuel _____ en el apartamento de Manuel.

B. Stem-changing verbs

7-11 **¿Qué pasó?** Contesta las preguntas según los dibujos. Escucha la confirmación.

Modelo: Oyes: En el laboratorio, ¿qué repitieron Carmen y Natalia?

Dices: **Repitieron el poema.**

1.

2.

3.

4.

7-12 **Preguntas para ti.** Escucha las siguientes preguntas (cada pregunta se repite) y contesta con oraciones completas y añade detalles (*add details*).

1. _____

2. _____

3. _____

4. _____

5. _____

6. _____

Así se dice

En la oficina de correos

7-13 **En la oficina de correos.** Contesta las preguntas según los dibujos. Después, escucha la confirmación.

1.

2.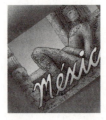

3.

4.

5.

Así se dice

El dinero y los bancos

7-14 **¿Qué hizo con el dinero?** Juan Fernando ganó $3,000 el verano pasado. Escucha para saber lo que hizo con el dinero. Completa el cuadro (*chart*) con la información que falta.

Categorías	%
Ahorró	
	15%
Pagó las cuentas	
	25%
	10%

Así se forma

4. Indicating to whom or for whom something is done: Indirect object pronouns

7-15 **¿A quién(es)?** Escucha las oraciones e indica a quién o quiénes se hace cada acción.

Modelo: Oyes: Les voy a escribir una carta.

Marcas: ☐ A mi hermano. ☒ A mis hermanos.

1. ☐ A ti.   ☐ A ustedes.

2. ☐ A ustedes.   ☐ A mí.

3. ☐ A él.   ☐ A nosotros.

4. ☐ A mí.   ☐ A ella.

5. ☐ A nosotros.   ☐ A ti.

6. ☐ A ti.   ☐ A ella.

Escenas

7-16 **Una ciudad fascinante**

Inés, Manuel y Linda van a un café en la plaza después de ir al cine. Inés acaba de regresar de unas vacaciones en Buenos Aires.

Paso 1. Lee el título y la introducción y, basándote en estos, anticipa si las siguientes declaraciones son ciertas o falsas.

a. Los tres amigos están planeando unas vacaciones a Argentina.
b. Inés ya fue a Buenos Aires y explica que no hay muchas cosas para hacer.
c. Inés fue a muchos lugares interesantes en Buenos Aires.

Paso 2. Ahora escucha la conversación, concentrándote en las ideas principales y las palabras que ya conoces.

Paso 3. Lee las preguntas mientras escuchas por segunda vez. Después de escuchar, trata de contestarlas.

1. ¿Le gustó Buenos Aires a Inés?

   _____

2. ¿Dónde pasea la gente en Buenos Aires?

   _____

3. ¿Qué transporte público menciona Inés?

   _____

4. ¿Dónde se puede ir de compras?

   _____

5. ¿Bailó Inés en Buenos Aires?

   _____

Así se pronuncia

The pronunciation of the consonants *g* and *z* and *ce/ci*

7-17 **g**   Before **e** or **i**, **g** has the English *h* sound as in *help*.

gente   **gen**eralmente   **gi**mnasio   pá**gi**na

but it sounds like English before **a**, **o**, **u**.

gato   **go**rra   **gu**apo

Remember that in the combinations **gue**, **gui** the **u** is <u>not pronounced</u> so we pronounce **g** as in English + **e/i**.

guerra   **gui**tarra

z   In Spanish America, **z** is pronounced the same as **s**. (In Spain it is commonly pronounced with a *th* sound.) The English *z* sound is never used in Spanish.

buzón   pizarra   plaza   zapatería

Remember that the combination **z** + **e/i** is rarely used in Spanish. Instead **ce** and **ci** are used.

cereal   **ci**ne

That is why there are spelling changes (z → c) in some verb forms.

empie**zo**   empe**cé**

Repeat the poem line by line.

Dicho y hecho: Manual de laboratorio

Copyright © 2012 John Wiley & Sons, Inc.

Zapatero°, zapatero, zapatero remendón°   *Shoemaker   cobbler*

Cuando haces los zapatos pones vida y corazón°...   **pones...** *you put your heart and soul into it*

Analizas tu trabajo, su pureza y perfección,

zapatillas° o sandalias, zapatito° o zapatón°.   *slippers / little shoe / big shoe*

Dictado. Escucha las siguientes palabras y escríbelas.

1. _____

2. _____

3. _____

4. _____

5. _____

6. _____

7. _____

8. _____

De compras

Así se dice *De compras*

8-1 **La ropa.** Escucha estas oraciones y escribe el número de cada oración en el círculo apropiado.

damas y caballeros

8-2 **¿Qué debe usted llevar?** Escucha los dos pronósticos del tiempo. Marca con una **X** las cosas que debes llevar ese día. Cada pronóstico se repite una vez.

Hoy

	Sí	No
impermeable	☐	☐
pantalones cortos	☐	☐
paraguas	☐	☐
suéter	☐	☐
sandalias	☐	☐

Mañana

	Sí	No
abrigo	☐	☐
pantalones cortos	☐	☐
botas	☐	☐
sandalias	☐	☐
camiseta	☐	☐

8-3 **Lo nuevo para la primavera.** Escucha el anuncio de la tienda CRISTINA y anota los precios de la ropa y los accesorios que se mencionan.

Sombrero de paja,° $____
Camiseta sin manga, $____
Jeans de la marca Herrero, $____

°*straw*

De la colección Cristina,
chaqueta $____   Falda $____

Pantalones de la marca Liz, $____
Camisa de la marca George, $____

Bikini de la marca Caribe, $____

CRISTINA
la tienda para ti

Ahora, escucha la siguiente descripción de dos chicas: Dulce y María. Según la descripción, ¿qué ropa o accesorios del anuncio van a comprar ellas? Marca con una **D** lo que va a comprar Dulce. Marca con una **M** lo que va a comprar María.

1. _____ Bikini de la marca Caribe

2. _____ Pantalones de la marca Liz

3. _____ Camisa de la marca George

4. _____ De la colección Cristina, chaqueta

5. _____ De la colección Cristina, falda

6. _____ Sombrero de paja

7. _____ Camiseta sin manga

8. _____ *Jeans* de la marca Herrero

Así se dice

La transformación de Carmen

8-4 **La transformación de Carmen.** Carmen habla de cómo ha cambiado su vida desde su transformación. Escúchala (*Listen to her*) y después contesta las preguntas. Cada pregunta se repite una vez.

1. _____

2. _____

3. _____

4. _____

5. _____

8-5 **Un gran contraste.** Contesta las preguntas para indicar cómo es la ropa que lleva Esteban y la que lleva Octavio. Escucha la confirmación.

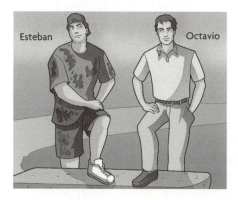

Esteban   Octavio

ESTEBAN:

1. _____

2. _____

3. _____

OCTAVIO:

4. _____

5. _____

6. _____

8-6 **Preguntas para ti.** Escribe las respuestas a las siguientes preguntas.

1. _____
2. _____
3. _____
4. _____
5. _____
6. _____

Así se forma

1. Possessive adjectives and pronouns: Emphasizing possession

8-7 **¿De quién es?** Alfonso, Rubén y tú están en la lavandería, pero ¿de quién es esta ropa? Contesta las preguntas según los modelos.

Modelo: Oyes: Ese suéter, ¿es tuyo?
Dices y escribes: **No, no es mío.**
Oyes: Pues, ¿de quién es?
Dices y escribes: **Es de Alfonso.**
Oyes: Entonces, ¿el suéter es de Alfonso?
Dices y escribes: **Sí, es suyo.**

1. _____ . _____ . _____ .
2. _____ . _____ . _____ .
3. _____ . _____ . _____ .

Así se forma

2. The preterit of irregular verbs: Expressing actions in the past

8-8

Una fiesta para el cumpleaños de Carmen. Contesta las preguntas según los dibujos. Responde oralmente y por escrito.

Modelo: Oyes: ¿Qué compraron Inés y Camila?

Dices y escribes: **Compraron algunos regalos.**

1.

_____

_____

2.

_____

_____

3.

_____

_____

4.

_____

_____

5.

_____

_____

8-9 **¡Hay mucha tarea!** Natalia está describiendo lo que ella y sus amigos hicieron anoche. Escúchala e indica a quién se refiere cada oración. Después, escucha su pregunta y contesta, como en el Modelo.

Modelo: Oyes: Anoche tuve que estudiar.

Marcas: **Natalia**

Oyes: Y tú, ¿tuviste que estudiar?

Dices: **Sí, yo tuve que estudiar también.** o **No, yo no tuve que estudiar.**

	Natalia	**Pepita**	**Natalia y Pepita**
1.			
2.			
3.			
4.			
5.			
6.			

8-10 **Preguntas para ti.** Escribe respuestas para las siguientes preguntas. Contesta con oraciones completas. Cada pregunta se repite una vez.

1. _____

2. _____

3. _____

4. _____

5. _____

Así se forma

3. Direct- and indirect-object pronouns combined

8-11 **Regalos de Ecuador.** Contesta las preguntas indicando que Octavio les regaló estas cosas a sus amigas. Escribe los pronombres apropiados en el espacio en blanco para completar la oración.

Modelo: Oyes: ¿Quién le regaló la camiseta a Natalia?

Dices y escribes: **Octavio se la regaló.**

Octavio _se_ _la_ regaló.

1.

2.

3.

Octavio ____ ____ regaló.   Octavio ____ ____ regaló.   Octavio ____ ____ regaló.

8-12 **¡Sí, te lo devolví!** Tu amiga tiene muy mala memoria, te prestó algunas cosas pero tú le devolviste todo. Escucha sus preguntas y contéstalas (*answer them*) según el modelo.

Modelo: Oyes: ¿Me devolviste las fotos?

Dices y escribes: **Sí, te las devolví.**

Oyes: ¿Y la calculadora?

Dices y escribes: **Sí, te la devolví.**

1. _____.   2. _____.

_____.   _____.

_____.   _____.

3. _____ .

_____ .

_____ .

8-13 **Preguntas para ti.** Escucha las siguientes preguntas sobre tu último cumpleaños. Di y escribe las respuestas usando pronombres para evitar repeticiones. Añade detalles. Cada pregunta se repite una vez.

Modelo: Oyes: ¿Te regalaron un CD de tu cantante favorito?

Dices y escribes: **Sí, me lo regaló mi hermana. Es el último CD de Lady Gaga.** _o_ **No, no me lo regaló nadie.**

1. _____

2. _____

3. _____

4. _____

5. _____

Así se forma

4. Indefinite words and expressions

8-14 **Los ladrones _(robbers)._** Un hombre y una mujer caminan por una calle oscura del centro de una ciudad. Escucha con atención. Luego, marca con una **X** la respuesta correcta para cada pregunta.

1. ☐ hay alguien ☐ no hay nadie

2. ☐ oye algo ☐ no oye nada

3. ☐ hay alguien ☐ no hay nadie

4. ☐ hay ladrones ☐ no hay ningún ladrón

5. ☐ el hombre y la mujer ☐ los hombres de la Avenida 8

Escenas

8-15 **En el Almacén Torres**

Natalia y Camila van de compras. Están buscando un regalo para Rubén.

Paso 1. Basándote en el título y la breve descripción de arriba, ¿qué artículos piensas que van a comprar Camila y Natalia?

	es probable	**no es probable**
1. un cinturón	_____	_____
2. un libro	_____	_____
3. un collar	_____	_____
4. una billetera	_____	_____
5. un CD	_____	_____
6. unas gafas de sol	_____	_____

Paso 2. Escucha la conversación y contesta las siguientes preguntas sobre las ideas principales.

1. ¿Qué hacen Natalia y Camila?

_____

2. ¿Encuentran algo apropiado para Rubén?

_____

Paso 3. Escucha la conversación otra vez y completa las siguientes oraciones.

1. Camila y Natalia entran en un _____.

2. Camila tiene una idea para el regalo de Rubén: _____ y

_____.

3. Natalia piensa que Rubén no va a querer una camisa y una corbata porque

_____.

4. Camila y Natalia deciden que van a comprar _____.

5. El dependiente dice que tienen suerte porque _____.

Así se pronuncia

Accents and stress

You have probably noticed that some words have written accent marks (**acentos**) and that they indicate where to stress that word when we pronounce it. Even though not every word has a stress mark, knowing the Spanish stress rules will allow you to predict where the oral stress is in every word, whether it has a written stress mark or not.

• Words with **predictable stress patterns** (below) **do not need** a written accent mark.

→ Words ending in a vowel, -n, or -s are stressed on the next to last syllable.

mapa   **lu**nes   **co**sas

→ Words ending in a consonant except -n, or -s are stressed on the last syllable

a**zul**   profe**sor**   co**mer**

A. Applying the principles above, find and underline the syllable that should be stressed in the following words. Then, pronounce them, stressing the correct syllable. Listen for confirmation.

1. profesor	4. Marta	7. ciudad
2. dentista	5. tormenta	8. Carmen
3. presidente	6. español	9. flores

• Words with a **different stress pattern** need an accent mark (compare with cases above: these are opposite!)

→ Words ending in a consonant, except -n, or -s with oral stress in the next to last syllable.

lápiz   **fá**cil

→ Words ending in vowel, -n or -s with stress in the last syllable.

alma**cén**   ca**fé**   in**glés**

→ Words with stress in the third (or fourth) to last syllable.

lápices   **miér**coles   **pá**jaro

B. Look at the words below, they all have written stress marks. Explain why as in the model.

Modelo: París: **It needs an accent mark because it is stressed on the last syllable and the word ends in –s.**

1. Perú	5. ratón
2. difícil	6. Inés
3. exámenes	7. líder
4. dinámico	8. cómico

C. All of the following words need written accent marks. Listen to them and write the accent mark where needed.

1. mecanico   **4.** debil   **7.** pulmon

2. cortes   **5.** poster   **8.** politica

3. bebe   **6.** rapido   **9.** arbol

• When a strong vowel (a, e, o) and weak vowel (i, u) combine, the predictable stress pattern is that the oral stress is not on the strong vowel.

          ni**e**ta   b**ai**le   f**e**o

Therefore, if we have such a combination and the oral stress is on the weak vowel, we need an a**ccent mark** (regardless of what syllable it is).

          d**í**a   t**í**o   biolog**í**a

D. Listen to the following words and underline the vowel where you hear the oral stress. Then, decide whether the words need an accent mark or not.

1. mia   **2.** viaje   **3.** lio
4. dios   **5.** pausa   **6.** baul

Other important things:

• All interrogative and exclamatory words need a stress mark.

        ¿Cu**á**ndo vienes?   ¿Por qu**é** no?   ¡Qu**é** sorpresa!

• Stress marks are also used to differentiate between words that have the same spelling:

        tú → *you*   tu → *your*
        él → *he*   el → *the* (m.)
        sí → *yes*   si → *if*

CAPÍTULO 9

La salud

Así se dice *La salud*

9-1 **En el hospital.** Escucha estas oraciones y escribe en el círculo el número que corresponde a las personas, cosas o situaciones descritas (*described*).

Así se dice

El cuerpo humano

9-2 **El cuerpo humano.** Vas a oír partes del cuerpo humano. Escríbelas en la línea correspondiente.

el cuello _____

_____

_____

_____

_____

_____

_____

9-3 **¿Qué es?** Escucha estas descripciones y escribe el nombre de la parte del cuerpo descrita (*described*).

1. _____   5. _____

2. _____   6. _____

3. _____   7. _____

4. _____   8. En _____

9-4 **Los dichos (*sayings*) y el cuerpo humano.** Escucha los siguientes dichos. Al escuchar, complétalos con las partes del cuerpo que faltan (*that are missing*). Cada dicho se repite una vez.

1. Abre la _____, que te va la sopa.

2. _____ por _____, _____ por _____.

3. La _____ es el castigo (*punishment*) del cuerpo.

4. _____ que no ven, _____ que no siente.

5. _____ curiosas, noticias dolorosas (*painful*).

6. Hasta al mejor cocinero se le va un _____ en la sopa.

7. Al mal tiempo, buena _____.

8. Dos _____ piensan mejor que una.

9. A _____ frías, _____ ardiente.

10. Adonde el _____ se inclina, el _____ camina.

Así se forma

1. *Usted/Ustedes* commands: Giving direct orders and instructions to others

9-5 **Consejos.** Escucha los siguientes consejos para estudiantes de primer (*first*) año. Indica si deben o no deben hacer esto.

Modelo: Oyes: Estudien sólo (*only*) antes de un examen.
Marcas: la columna **No**
Dices: **No estudien sólo antes de un examen.**

	Sí	No
1.	_____	_____
2.	_____	_____
3.	_____	_____
4.	_____	_____
5.	_____	_____

9-6 **Alfonso está muy enfermo.** Escucha la lista de lo que debe y no debe hacer Alfonso. Imagina los consejos del doctor, cambiando cada verbo al mandato (*command*) de **usted** y completando los espacios.

Alfonso

Modelo: Oyes: tomar jugo de naranja
Dices: **Tome jugo de naranja.**
Escribes: _Tome_ jugo de naranja.

1. _____ aspirina.

2. _____ agua.

3. _____ todo el día.

4. _____ en la cama.

5. No _____ de la casa.

6. No _____ _____ hoy.

7. No _____ ejercicio.

8. No _____ hamburguesas.

9. _____ sopa de pollo.

10. No _____ _____ por nada.

Así se dice

Una visita al consultorio

9-7 **El diagnóstico.** Escucha lo que dicen estos pacientes y marca con una **X** el problema que probablemente tienen.

1. ☐ Le duele la cabeza.

2. ☐ Tiene dolor de cabeza.

3. ☐ Tiene diarrea.

4. ☐ Tiene alergias.

5. ☐ Tiene resfriado.

6. ☐ Tiene problemas digestivos.

☐ Le duele un pie.

☐ Tiene dolor de estómago.

☐ Tiene fiebre.

☐ Tiene gripe.

☐ Tiene gripe.

☐ Tiene problemas psicológicos.

Así se forma

2. The imperfect: Descriptions in the past

9-8 **Cuando era niño/a...** ¿Qué hacías cuando ibas al consultorio del pediatra (*pediatrician*)? ¿Y qué hacían las otras personas? Escucha las siguientes acciones e indica quién las hacía.

Modelo: Oyes: hablar con el pediatra
Dices: **Mi mamá y yo hablábamos con el pediatra.**
Escribes: <u>hablábamos</u> en la columna **mi mamá y yo**

	yo	las enfermeras	el/la pediatra	mi mamá	mi mamá y yo
1.					
2.					
3.					
4.					
5.					
6.					
7.					
8.					

9-9 **La abuela y el abuelo.** Los abuelos vivían en una casa en el campo. Describe la escena, cambiando las oraciones del presente al imperfecto. Escucha la confirmación.

Modelo: Oyes: Hace frío.
Dices: **Hacía frío.**
Confirmación: Hacía frío.

Así se forma

3. The imperfect vs. the preterit: Talking about and describing persons, things, and actions in the past

9-10 **La recuperación de Rodolfo.** Escucha la narración y completa con los verbos que escuchas.

El pobre Rodolfo _____ la semana pasada. Lo

_____ al veterinario. Lo _____ ,

_____ que _____ una infección intestinal

y le _____ un antibiótico. Cuando _____

a casa, le _____ su medicamento. Al principio Rodolfo

no _____ y, claro, no _____ energía.

Pero _____ y _____ mucho y

todos lo _____ muy bien. Todos los días mi mamá le

_____ su medicina, mi hermana lo _____ con

una manta y yo le _____ agua fresca. Después de dos o tres días,

_____ a pasear por la casa, _____ mucho

y _____ su energía. ¡Todos nos _____ muy

contentos porque queremos mucho a nuestro gato!

9-11 **En el pasado.** Escucha a Felipe e indica si habla de lo que **hacía** normalmente en el pasado o de lo que **hizo** ayer.

Modelo: Oyes: Jugaba al tenis.

Marcas: X en la columna **Normalmente**

	Normalmente	Ayer
1.		
2.		
3.		
4.		
5.		
6.		

9-12 **¿Qué hacían?** Indica lo que hacían estas personas cuando alguien o algo los interrumpió. Contesta las preguntas.

Modelo: Oyes: ¿Qué hacía el profesor cuando Carmen entró en el laboratorio?

Dices: **Navegaba por Internet.**

1.

2.

3.

4.

9-13 **Preguntas para ti.** Escribe respuestas para las cinco preguntas siguientes. Contesta con oraciones completas. Cada pregunta se repite una vez.

1. _____

2. _____

3. _____

4. _____

5. _____

Escenas

9-14 **Octavio va a la clínica**

Hace ya tres días que Octavio está enfermo. Aunque° no le gusta   Although
mucho los doctores, hoy está en la clínica de la universidad. Son las dos
de la tarde y tiene cita a las dos y cuarto. La enfermera ya le tomó la
temperatura, la presión arterial y el pulso.

(Entra la doctora Ruiz con el expediente médico° en mano)   **expediente...**
medical record

Paso 1. En parejas, escriban una lista de las tres enfermedades más frecuentes entre
estudiantes universitarios. Piensen juntos en dos síntomas comunes que presentan
estas enfermedades y recomendaciones típicas de los doctores en cada caso.

_____

_____

_____

Paso 2. Escucha la conversación e indica si Octavio tiene una enfermedad de su lista
(Paso 1). En caso afirmativo, ¿tiene Octavio los síntomas que Uds. anticiparon? ¿Hizo
el doctor algunas recomendaciones similares a las que Uds. pensaron?

_____

_____

_____

Paso 3. Lee las siguientes preguntas. Después, escucha la conversación otra vez y escribe las
respuestas.

1. ¿Cuál es la temperatura de Octavio?

_____

2. ¿Qué síntomas menciona Octavio?

escalofríos	diarrea	fiebre	dolor de garganta	náuseas
congestión	vómitos	tos	se siente cansado	dolor de estómago

3. ¿Qué tipo de medicamento quiere Octavio?

_____

4. ¿Qué le recomienda la doctora?

_____

CAPÍTULO 10

Así es mi casa

Así se dice *Así es mi casa*

10-1 **En el hogar.** Escucha cada pregunta, contéstala y escribe el número de la pregunta en el círculo apropiado.

Dicho y hecho: Manual de laboratorio

Así se dice

Una mesa elegante

10-2 **A la mesa.** Escucha las definiciones y escribe el número junto al objeto apropiado.

_1_ el vaso   _5_ la cuchara

_U_ la servilleta   _3_ la copa

_2_ la taza   _4_ el cuchillo

En nuestra casa

10-3 **En Miami.** Escucha y lee los tres anuncios siguientes. Luego, escucha la descripción de las tres personas. Decide qué casa o apartamento es apropiado para cada persona y marca el número al lado del nombre correspondiente.

¡GRAN VENTA!	¡VÉALO HOY!	NUEVO CONDOMINIO
Espaciosa casa de dos pisos _4 dormitorios_ _3 1/2 baños_ _cocina grande_ _comedor formal_ _garaje doble_ **$214,600** **Oeste de Palm Ave.** **Llame al 450-9818**	**Apartamento** **1 dormitorio** **1 baño** **amueblado** **terraza** **piscina** **canchas de tenis** **$600 al mes, sin depósito** **Llámenos** **MASTER REALTY** **532-2909**	**3 dormitorios** **2 baños** **refrigerador nuevo** **alfombrado** **terraza** **$80,000** **Ave. Norte** **Llame al 329-0034**
1	2	3

Juan Alberto Sánchez _3_

Rosa María Casanova _1_

César Rodolfo Chávez _2_

10-4 **En nuestra casa.** Escucha la narración del gato Rodolfo. Luego, contesta las preguntas. Cada pregunta se repite una vez.

1. Poner la mesa, ~~quitar la mesa~~
2. Lavar los platos
3. Quitar la mesa.
4. Secar los platos
5. Hacer las camas
6. Pasar la aspiradora
7. Contar el césped
8. Sacar la basura
9. Hacer un comida

Así se forma

1. Giving orders and advice to family and friends: *Tú* commands

A. Affirmative *tú* commands

10-5 **¿Quién lo dice?** Escucha los mandatos y escribe cada número junto a la situación apropiada. Puede haber más de una posibilidad.

Modelo: Oyes: 1. Haz lo que te dice mamá.

Escribes: _1_ junto a "Un padre se lo dice a su hijo".

Un padre se lo dice a su hijo.   1,... La cocina

Un chico se lo dice a su padre.   El lavaplatos

Un profesor se lo dice a un estudiante.   la lavador

Un estudiante se lo dice a su compañero de cuarto.   la aspiradora

10-6 **Los quehaceres domésticos.** Según los dibujos, dile a cada persona lo que debe hacer. Usa el mandato de **tú**.

Modelo: Oyes: 1. hacer la cama

Dices y escribes: **Alfonso, haz la cama.**

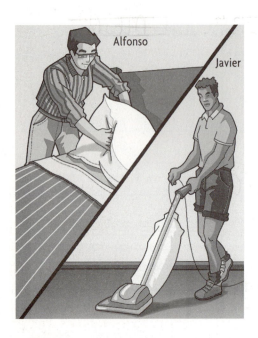

_____Alfonso, haz la cama._____

_____

_____

_____

_____

_____

B. Negative *tú* commands

10-7 **Un conflicto de conciencia.** El ángel le dice a Esteban que haga ciertas cosas. Tú, el diablo, le dices que no las haga. Sigue los números. Escribe el mandato de **tú** negativo en el espacio.

el diablo   el ángel

Modelo: El ángel le dice: 1. Haz la cama.

Tú (el diablo) le dices: **No la hagas.**

Escribes: <u>No la hagas.</u>

only

1. <u>No la hagas.</u>
2. No la hagas
3. No la digas.
4. No hagas

5. _____
6. _____
7. _____
8. _____

Así se forma

2. Saying what has/had happened: Perfect tenses
A. The present perfect

10-8 **Recientemente.** Di si has hecho o no has hecho las siguientes cosas recientemente. Cambia el verbo al presente perfecto. Marca **Sí** o **No** con una **X** según tu respuesta.

Modelo: Oyes: limpiar tu cuarto

Dices: **Sí, he limpiado mi cuarto.** o
No, no he limpiado mi cuarto.

Marcas: ☐ Sí o ☐ No

1. ☑ Sí ☐ No   3. ☐ Sí ☑ No   5. ☑ Sí ☐ No

2. ☑ Sí ☐ No   4. ☐ Sí ☑ No

Ahora, di si tú y tus amigos han hecho las siguientes cosas recientemente.

6. ☐ Sí ☑ No   8. ☑ Sí ☐ No   10. ☑ Sí ☐ No

7. ☐ Sí ☑ No   9. ☑ Sí ☐ No

10-9 **¿Qué ha pasado?** Escucha las preguntas, y responde según las fotos. ¡Usa tu imaginación!

Modelo: Oyes: ¿Por qué está contenta?

Dices y escribes: **Porque ha sacado una A en su examen de español.**

1. No lo comas

2. No las tamas

3. No lo denuevo

4. No la laves

5. No lo abras

10-10 **Preguntas para ti.** Escribe respuestas para las siguientes preguntas. Contesta con oraciones completas. Cada pregunta se repite una vez.

1. No levantes las abras

2. _____

3. Pon mi libro en me mochila.

4. _____

Así se forma

B. The past perfect: Saying what had happened

10-11 **Antes de salir.** Ayer por la noche, tú diste una fiesta. Di lo que tú y tus amigos habían hecho antes de la fiesta. Después, escucha la confirmación.

Modelo: Oyes: Pablo, bañarse

Dices: **Pablo se había bañado.**

Confirmación: Pablo se había bañado.

1. ... 2. ... 3. ... 4. ... 5. ... 6. ... 7. ...

Así se forma

3. Comparing and expressing extremes: Comparisons and superlatives

A. Comparisons of equality

10-12 **Son iguales.** Haz las comparaciones según los dibujos. Usa **tan... como, tanto/a... como** o **tanto como** según la oración. Pueden ser oraciones negativas también: **no tan... como**, etc. Después escucha la confirmación.

Javier / su amigo

Modelo: Oyes: Javier es alto.

         Dices: **Es tan alto como su amigo.**

         Confirmación: Es tan alto como su amigo.

1. Camila / su hermana

2. el ogro / su amigo

3. Alfonso / el profesor

4. Linda / Inés

5. Natalia / Rubén

6. Pepita / Esteban

10-13 **¡Yo también!** Tu amiga y tú compiten en todo. Escucha lo que te dice y responde indicando que tú o tu situación son similares.

Modelo: Oyes: Soy muy alta.

Dices y escribes: **Sí, pero yo soy tan alto/a como tú.**

1. Mis amigos nunca habían comido una *paella.*
2. Nosotros nunca habíamos vistado el museo *e picasso.*
3. Tú nunca habíamos vistado tomado *sangría*
4. Yo nunca había usado euros.
5. Es mas grande que,

B. Comparisons of inequality

10-14 **Silvia y Fernando.** Escucha las cinco conversaciones entre Silvia y Fernando. Contesta las preguntas. Marca con una **X** la respuesta correcta.

1. Silvia es...

   ☐ mayor que Fernando. ☒ menor que Fernando.

2. La nota de Silvia es...

   ☐ mejor que la nota de Fernando. ☒ peor que la nota de Fernando.

3. Silvia ganó...

   ☒ más dinero que Fernando. ☐ menos dinero que Fernando.

4. Silvia corrió ...

   ☒ más rápido que Fernando. ☐ menos rápido que Fernando.

5. El apartamento que alquiló Silvia es...

   ☒ más pequeño que el de Fernando. ☐ más grande que el de Fernando.

C. The superlative

10-15 **¿Cuál es el más....?** Escucha las opiniones de las siguientes personas y después indica la opción correcta.

Modelo: Oyes: En la cafetería y en la residencia, hay muchas personas y mucho ruido. Prefiero la biblioteca para estudiar porque siempre está silenciosa.

Marcas: ☒ La biblioteca es el mejor lugar para estudiar.
☐ La residencia es el mejor lugar para estudiar.
☐ La cafetería es el mejor lugar para estudiar.

1. ☐ El restaurante Montevideo es el más romántico.
   ☐ El restaurante Asunción es el más romántico.
   ☒ El restaurante Río de la Plata es el más romántico.

2. ☒ El patio de la Casa Moneda es el más grande.
   ☐ El patio de la Casa Cervantes es el más grande.
   ☐ El patio de la Casa Real es el más grande.

3. ☐ Las cataratas de Iguazú son las más altas.
   ☒ Las cataratas del Niágara son las más altas.
   ☐ Las cataratas de Victoria son las más altas.

10-16 **Preguntas para ti.** Escribe respuestas para las siguientes preguntas. Contesta con oraciones completas. Cada pregunta se repite una vez.

1. Esta mas cerca que
2. Tiene mas habitaciones
3. Tiene tantas sala como
4. Tiene menos baños que

Escenas

10-17 **Buscando el apartamento ideal**

Inés y Linda van a compartir un apartamento el próximo año académico. Después de buscar apartamento todo el día, las chicas se encuentran con Manuel en un café.

Paso 1. Indica si los siguientes aspectos son importantes para estudiantes que buscan un apartamento.

	Muy importante	Importante	Poco importante	No importa
precio del alquiler				
número de dormitorios				
número de baños				
tamaño *(size)* de habitaciones				
una sala grande				
una cocina bien equipada				
amueblado *(furnished)*				
garaje				
espacio exterior (jardín, patio)				
piscina *(swimming pool)*, gimnasio				
distancia a escuelas y parques				
distancia a tiendas/mercados				
distancia a la universidad				

Paso 2. Escucha la conversación e indica si las siguientes afirmaciones son ciertas o falsas.

1. Linda e Inés encontraron un apartamento perfecto. _____

2. Es difícil encontrar apartamento porque hay pocos. _____

3. Las chicas son flexibles pero los apartamentos son muy malos.

   _____

4. Manuel piensa que van a encontrar un apartamento ideal rápidamente.

   _____

Paso 3. Lee las siguientes preguntas. Después, escucha la conversación otra vez y escribe las respuestas.

1. ¿Cuántos apartamentos vieron Inés y Linda hoy?

   _____

2. ¿Cuántos dormitorios y baños quieren?

   _____

3. ¿Qué otras características tiene el apartamento que buscan?

   _____

4. ¿Cuánto quieren pagar Inés y Linda?

   _____

CAPÍTULO 11

Amigos y algo más

Así se dice *Amigos y algo más*

11-1 **Las amistades y el amor.** Escucha cada pregunta, contéstala y escribe el número de la pregunta en el círculo apropiado.

Así se dice

Hablando del amor

11-2 **¿Vale más la personalidad?** Escucha la siguiente información acerca de las características que buscan los estudiantes universitarios al escoger (*when choosing*) su pareja. Mientras escuchas, completa los espacios con las características que oyes sobre las preferencias de cada categoría: **mujeres, ambos** (*both*) **sexos** y **hombres**.

1. Las **mujeres universitarias** buscan hombres _____ y _____.

2. **Ambos sexos** buscan una persona con una personalidad _____, que sea

   _____ y _____.

3. Los **hombres** que buscan pareja para salir por un corto tiempo prefieren, ante todo, mujeres _____.

11-3 **Amor en la universidad.** Escucha las preguntas de este sondeo sobre el amor en la universidad. Marca o anota las respuestas y añade (*add*) tu respuesta también.

1. María: ☐ Sí ☐ No

   Eduardo: ☐ Sí ☐ No

   Miguel: ☐ Sí ☐ No

   Tú: ☐ Sí ☐ No

2. María: _____.

   Eduardo: _____.

   Miguel: _____.

   Tú: _____.

3. María: ☐ Sí ☐ No

   Eduardo: ☐ Sí ☐ No

   Miguel: ☐ Sí ☐ No

   Tú: ☐ Sí ☐ No

4. María: ☐ Sí ☐ No

   Eduardo: ☐ Sí ☐ No

   Miguel: ☐ Sí ☐ No

   Tú: ☐ Sí ☐ No

Así se forma

1. Introduction to the subjunctive mood: Expressions of will, influence, desire, and request

11-4 **Mi media naranja.** ¿Qué características debe tener tu media naranja? Escucha cada característica y marca **Sí** o **No** con una **X**.

Es importante que mi media naranja...

1. ☐ Sí ☐ No   5. ☐ Sí ☐ No   9. ☐ Sí ☐ No

2. ☐ Sí ☐ No   6. ☐ Sí ☐ No   10. ☐ Sí ☐ No

3. ☐ Sí ☐ No   7. ☐ Sí ☐ No   11. ☐ Sí ☐ No

4. ☐ Sí ☐ No   8. ☐ Sí ☐ No   12. ☐ Sí ☐ No

11-5 **¿Qué quiere la profesora?** Escucha a la profesora e indica quién debe hacer estas cosas.

Modelo: Oyes: Quiero que repitan el vocabulario.

	la profesora	yo	Juan	todos los estudiantes
1.				
2.				
3.				
4.				
5.				
6.				

11-6 **¿Qué más quiere la profesora?** Indica lo que la profesora quiere que hagan las siguientes personas. Escribe el verbo en el espacio en blanco.

Modelo: Oyes: Juan debe hacer la tarea.

Dices y escribes: **Quiere que Juan haga la tarea.**

1. _____

2. _____

3. _____

4. _____

5. _____

11-7 **Juanito y su madre.** Escucha la descripción de cada dibujo. Identifica el número del dibujo que le corresponde y luego escribe la forma correcta del verbo en el espacio en blanco.

Modelo: Oyes: Son las siete de la mañana y la madre quiere que Juanito se despierte.

Identificas: el dibujo n° 2

Escribes: Quiere que _se despierte_ .

1. Quiere que _____

_____ .

2. Quiere que ___ se ___

despierte .

3. Le pide que _____

_____ .

4. Le sugiere que _____

_____ .

5. Le dice que _____ y

que _____ .

6. Insiste en que _____

_____ .

11-8 **Lo que quiere mi amiga.** Escucha las siguientes oraciones.
Di y escribe lo que tu amiga quiere que hagas.

Modelo: Oyes: dormir más

Dices y escribes: **Quiere que duerma más.**

1. _____

2. _____

3. _____

4. _____

5. _____

6. _____

7. _____

8. _____

11-9 **¿Qué les dices?** Escribe las respuestas a las siguientes preguntas.
Cada pregunta se repite una vez.

1. _____

2. _____

3. _____

4. _____

Así se dice

11-10 **Un mensaje telefónico.** Es sábado por la mañana. Linda va camino al centro comercial para comprarle un regalo de cumpleaños a su madre. Llama a Manuel, pero nadie contesta. Escucha el mensaje que deja.

Ahora, escucha el mensaje otra vez. Mientras escuchas, marca con una **X** las cosas que Manuel debe hacer según el mensaje.

Manuel debe...

☐ contestar el teléfono.

☐ dormirse.

☐ despertarse.

☐ hacer una reserva en el restaurante.

☐ ponerse los pantalones nuevos.

☐ comprarse pantalones nuevos.

☐ afeitarse.

☐ comprar rosas.

☐ ir al apartamento de Linda.

☐ ir al restaurante.

☐ llamar a Linda.

Así se forma

2. The subjunctive with expressions of emotion

11-11 **¿Es lógico?** Escucha lo que dice la persona y decide si es lógico o no.

1. ☐ Lógico   ☐ Ilógico

2. ☐ Lógico   ☐ Ilógico

3. ☐ Lógico   ☐ Ilógico

4. ☐ Lógico   ☐ Ilógico

5. ☐ Lógico   ☐ Ilógico

6. ☐ Lógico   ☐ Ilógico

7. ☐ Lógico   ☐ Ilógico

11-12 **Preguntas para ti.** Escribe respuestas para las siguientes preguntas. Contesta con oraciones completas. Cada pregunta se repite una vez.

1. _____

2. _____

3. _____

4. _____

5. _____

Así se forma

The future and the conditional: Talking about what will and would happen

A. Talking about what will happen: The future tense

11-13 **¿Qué pasará?** Escucha lo que dice una señora que examina la palma de la mano de tu amigo. Anota los verbos que usa.

1. Te _____ que _____ un futuro muy interesante.

2. Primero, _____ un viaje a la Ciudad de Panamá, y ¡_____ todo el canal!

3. Después, _____ a una persona misteriosa y atractiva, quien te _____ a las islas San Blas.

4. Allí ustedes dos se _____.

5. Tu familia no _____ creerlo, pero te _____ en Panamá durante 2 años.

6. Luego tu pareja y tú _____ a los Estados Unidos donde se _____ y _____ cuatro hijos.

B. Talking about what *would* happen: the conditional

11-14 **¿Qué harían con el dinero?** Indica lo que estas personas harían con el dinero si ganaran la lotería. Después, escucha la confirmación.

Modelo: Oyes: Carlos, ir a Europa.
Dices: **Carlos iría a Europa.**
Confirmación: Carlos iría a Europa.

1. ... **2.** ... **3.** ... **4.** ... **5.** ... **6.** ... **7.** ... **8.** ...

11-15 **¿Qué harías?** Escucha las siguientes situaciones e indica qué harías en cada caso.

Modelo: Oyes: Hace calor en tu cuarto pero no puedes abrir la ventana.
Escribes: **Me quitaría el suéter/ Pondría el aire acondicionado...**

1. _____

2. _____

3. _____

4. _____

Escenas

(11-16) Fin del amor

Natalia y Rubén tienen una cita en el parque, cerca de la universidad. Natalia está sentada en un banco. Rubén llega.

Paso 1. En parejas, escriban una lista de posibles razones por las que puede terminar el amor.

_____

_____

_____

Paso 2. Escucha la conversación entre Rubén y Natalia y escribe un resumen de su conversación en 2 ó 3 oraciones.

_____

_____

_____

Paso 3. Lee las siguientes oraciones y las opciones que las siguen (*follow*). Después escucha la conversación otra vez y escoge la opción correcta.

1. Natalia quiere romper la relación con Rubén porque...

   a. se llevan mal   b. su amistad es más importante   c. no piensan igual

2. Natalia y Rubén salen juntos hace...

   a. unos días   b. algunas semanas   c. varios meses

3. Natalia ahora prefiere...

   a. no tener novio   b. un novio serio para casarse   c. conocer a muchos chicos

4. Rubén...

   a. insiste en continuar la relación.

   b. bromea con (*teases*) Natalia.

   c. está tan deprimido que decide irse a Costa Rica.

5. Al final Natalia y Rubén...

   a. deciden continuar su relación de novios; no pueden separarse.

   b. se despiden; no van a verse nunca más.

   c. mantienen su amistad, pero no son novios.

CAPÍTULO 12

Vive la naturaleza

Así se dice *Vive la naturaleza*

12-1 **¡Aventuras!** Podemos hacer muchas actividades al aire libre. Escucha las oraciones y escribe el número de cada oración junto al lugar o actividad mencionados.

Dicho y hecho: Manual de laboratorio

12-2 **¿Agua o tierra?** Escucha lo que está haciendo cada grupo de estudiantes. Indica con una **X** si es una actividad acuática o terrestre.

> **Modelo:** Oyes: Están practicando el descenso de ríos.
> Marcas: ☒ acuática   ☐ terrestre

1. ☐ acuática   ☐ terrestre   6. ☐ acuática   ☐ terrestre

2. ☐ acuática   ☐ terrestre   7. ☐ acuática   ☐ terrestre

3. ☐ acuática   ☐ terrestre   8. ☐ acuática   ☐ terrestre

4. ☐ acuática   ☐ terrestre   9. ☐ acuática   ☐ terrestre

5. ☐ acuática   ☐ terrestre   10. ☐ acuática   ☐ terrestre

12-3 **¿Playa o montañas?** Escucha las dos descripciones siguientes: una de la playa y la otra de las montañas. Mientras escuchas, escribe una lista de algunas de las actividades que corresponden a cada lugar. Después, escucha otra vez y escribe más actividades para completar tu lista.

La playa: el lugar de vacaciones por excelencia	En las montañas: ¡vacaciones de altura!

Así se dice

Aventuras al aire libre

12-4 **Más aventuras.** También hay otros lugares para pasar unas vacaciones interesantes. Escucha y escribe el número apropiado junto al animal, lugar o actividad mencionado.

Explorando la selva

Un paseo por el campo

En el desierto

Así se forma

Para and *por* (A summary): Stating purpose, destination, and motive

12-5 **¿Para qué?** Los estudiantes indicados van a lugares diferentes. Di para qué oralmente y por escrito.

Modelo: Oyes: Ana va a la biblioteca. ¿Para qué?

Dices y escribes: **para estudiar**

1. _____   4. _____

2. _____   5. _____

3. _____   6. _____

12-6 **El viaje de Carmen a Costa Rica.** Contesta las preguntas según los dibujos y según el modelo. Presta atención a las preposiciones **por** y **para**.

Modelo: Oyes: ¿Para qué compañía trabaja Carmen?

Dices: **Trabaja para AT&P.**

1. ... 2. ... 3. ...

Así se dice

La naturaleza y el medio ambiente

12-7 **Los efectos de la contaminación.** Escucha lo que ocurre a causa de la contaminación. Mientras escuchas, busca la sección del dibujo que corresponde a la descripción y escribe el número correspondiente en el círculo.

Modelo: Oyes: 1. La fábrica contamina el aire.

Escribes: _1_ en el círculo apropiado

Palabras útiles
envenenar   *to poison*
envenenado/a   *poisoned*

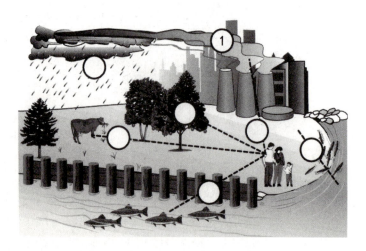

Así se forma

2. The subjunctive with expressions of doubt or negation

12-8 **¿Lo dudas o lo crees?** En un futuro muy cercano, ¿crees que van a ocurrir las siguientes cosas? Escucha cada pronóstico. Indica con una **X** si dudas que sea posible, o crees que es posible.

En un futuro muy cercano...

1. ☐ Dudo que sea posible.   ☐ Creo que es posible.

2. ☐ Dudo que sea posible.   ☐ Creo que es posible.

3. ☐ Dudo que sea posible.   ☐ Creo que es posible.

4. ☐ Dudo que sea posible.   ☐ Creo que es posible.

5. ☐ Dudo que sea posible.   ☐ Creo que es posible.

6. ☐ Dudo que sea posible.   ☐ Creo que es posible.

7. ☐ Dudo que sea posible.   ☐ Creo que es posible.

12-9 **¿Lo dudas o estás seguro/a?** Escucha lo que se dice de Esteban. Cada declaración se repite una vez. Luego, marca con una **X** la reacción más probable, según el dibujo: **Dudo que...** o **Estoy seguro/a de que...** y escribe la forma apropiada del verbo en el espacio en blanco.

> **Modelo:** Oyes: A Esteban le gusta dormir.
> Marcas: ☒ Estoy seguro/a de que...
> Escribes: _a Esteban le gusta dormir._

1. ☐ Dudo que... ☐ Estoy seguro/a de que... Esteban _____ _____
   temprano cada noche.

2. ☐ Dudo que... ☐ Estoy seguro/a de que... _____ _____ temprano todos
   los días.

3. ☐ Dudo que... ☐ Estoy seguro/a de que... _____ ganas de levantarse.

4. ☐ Dudo que... ☐ Estoy seguro/a de que... _____ que levantarse ahora.

5. ☐ Dudo que... ☐ Estoy seguro/a de que... _____ un poco perezoso.

6. ☐ Dudo que... ☐ Estoy seguro/a de que... _____ el mejor estudiante de
   la clase.

Así se forma

3. Activities with a general or unknown subject: *Se* + verb constructions.

12-10 **¿Es buena idea o no?** Vas a pasar una semana en un ecotour en Costa Rica. Escucha las oraciones sobre varios ecotours e indica si te parece buena idea o no para el ecoturismo.

Modelo: Oyes: Se conserva mucho el agua.
Marcas: ☒ Me parece buena idea. ☐ No me parece buena idea.

1. ☐ Me parece buena idea.   ☐ No me parece buena idea.

2. ☐ Me parece buena idea.   ☐ No me parece buena idea.

3. ☐ Me parece buena idea.   ☐ No me parece buena idea.

4. ☐ Me parece buena idea.   ☐ No me parece buena idea.

5. ☐ Me parece buena idea.   ☐ No me parece buena idea.

6. ☐ Me parece buena idea.   ☐ No me parece buena idea.

Escenas

12-11 **Aventuras en el parque ecológico**

Nuestros amigos están acampando en el parque ecológico del Arenal en Costa Rica. Es de noche y Pepita y Natalia se están preparando para visitar el volcán.

Paso 1. Imagina la experiencia de nuestros amigos en el parque ecológico Arenal.

1. ¿Qué pueden hacer?

   acampar   ir al cine   bucear

   caminar por senderos°   hacer *surf*   dormir en una tienda de campaña   *trails*

   y también _____

2. ¿Qué pueden ver?

   peces tropicales   serpientes   árboles y plantas exóticos

   vacas y cerdos   insectos grandes   muchos turistas

   y también _____

3. ¿Cómo se sienten?

están cansados   están relajados

tienen miedo   están fascinados

Paso 2. Escucha la conversación e indica si las siguientes afirmaciones son ciertas o falsas.

	Cierto	**Falso**
1. El parque ecológico tiene problemas de contaminación.	☐	☐
2. Natalia y Pepita quieren caminar cerca del volcán.	☐	☐
3. Octavio y Javier quieren ir con las chicas.	☐	☐
4. Natalia y Pepita dicen que no tienen miedo de nada.	☐	☐

Paso 3. Lee las siguientes preguntas, después escucha la conversación otra vez y escribe tus respuestas.

1. ¿Por qué quieren las chicas visitar el volcán por la noche?

   _____

2. ¿Qué animal le dio miedo a Octavio y a Javier en su aventura nocturna?

   _____

3. ¿Por qué tienen miedo Natalia y Pepita?

   _____

4. ¿Quién es el «animal»?

   _____

CAPÍTULO 13

De viaje

Así se dice *De viaje*

13-1 **De viaje.** Los estudiantes y sus profesores se van de viaje. Escucha las preguntas, responde y escribe el número de la pregunta en el círculo apropiado.

Modelo: Oyes: 1. ¿Cómo se llama la aerolínea?
Dices: **Se llama AeroSA.**
Escribes: __1__ en el círculo apropiado

Así se dice

Se van de viaje

13-2 **Se van de viaje.** Contesta las preguntas según los dibujos. Después, escucha la confirmación.

1.

2.

3.

4.

AEROPUERTO INTERNACIONAL DE MIAMI

5.

6.

7.

13-3 **El vuelo 782.** Escucha lo que dice la azafata del vuelo 782. Mientras escuchas, escribe en los espacios las palabras que faltan.

Pasajeros y pasajeras: bienvenidos a la _____ AeroSA y al _____

782 con destino a la Ciudad de México. Sentimos mucho la pequeña

_____. ...Por favor, los que están en los _____, siéntense.

Abróchense los _____ y pongan sus _____ en la posición vertical.

...Veinte minutos después de _____, les vamos a servir el almuerzo.

¡_____de su vuelo!

Dicho y hecho: Manual de laboratorio

13-4 **¿Cómo se dice?** Tu amigo y tú se van de viaje y están en la sala de espera del aeropuerto; tu amigo está un poco nervioso. Escucha sus preguntas y ayúdale con las palabras que ha olvidado.

1. _____   3. _____

2. _____   4. _____

Así se forma

1. The subjunctive with impersonal expressions: A summary

13-5 **El viaje de Esteban.** Esteban va a viajar a Guatemala y te pide consejo. Responde sus preguntas usando las frases de abajo.

| (no) es necesario | (no) es importante | es posible | es imposible |

Modelo: Oyes: ¿Debo sacar un pasaporte?

Dices y escribes: **Sí, es necesario que tengas un pasaporte para ir a Guatemala.**

1. _____

2. _____

3. _____

4. _____

5. _____

6. _____

13-6 **En mi vida.** Completa las cinco oraciones para indicar lo que es necesario, etc., en tu vida. Escribe las respuestas.

Modelo: Oyes: Es importante que...
Escribes: Es importante que saque buenas notas.

1. _____

2. _____

3. _____

4. _____

5. _____

Así se dice

En el hotel y en la estación

13-7 **En el hotel.** Identifica cada objeto, persona, etc., y escribe el número en el círculo apropiado.

13-8 **El Hotel Mil Estrellas.** Escucha el anuncio sobre el Hotel Mil Estrellas. Mientras escuchas, escribe frases breves para indicar lo que ofrece el hotel.

El Hotel Mil Estrellas
ambiente tropical

13-9 **En el tren.** Escucha las siguientes oraciones y marca la opción correcta.

1. ☐ el andén   ☐ los aseos/ el servicio

2. ☐ sencillo   ☐ la taquilla

3. ☐ de ida y vuelta   ☐ el andén

4. ☐ el boleto   ☐ el servicio

5. ☐ sencillo   ☐ de ida y vuelta

6. ☐ perder el tren   ☐ la taquilla

Así se forma

2. The subjunctive with indefinite entities: Talking about unknown or nonexistent persons or things

13-10 **¿Quién puede ayudarme?** Acabas de llegar a una ciudad en Latinoamérica y necesitas ayuda. Haz preguntas a las personas que ves para ver quién puede ayudarte. Después, escucha la confirmación.

Modelo: Oyes: hablar inglés

Dices: **¿Hay alguien que hable inglés?**

Confirmación: ¿Hay alguien que hable inglés?

1. ...   2. ...   3. ...   4. ...

13-11 **Sí y no.** ¿Conoces a alguien así? Contesta las preguntas con detalles. Luego, completa el espacio con tu respuesta.

Modelo: Oyes: ¿Conoces a alguien que tenga motocicleta?

Dices: **Sí, conozco a alguien que tiene una Harley Davidson.** o
No, no conozco a nadie que tenga motocicleta.

Escribes (en la línea apropiada): <u>tiene motocicleta</u>   o
<u>tenga motocicleta</u>

1. Sí, conozco a alguien que _____ ... o

   No, no conozco a nadie que_____ .

2. Sí, conozco a alguien que _____ ... o

   No, no conozco a nadie que_____ .

3. Sí, conozco a alguien que _____ ... o

   No, no conozco a nadie que_____ .

4. Sí, conozco a alguien que _____ ... o

   No, no conozco a nadie que_____ .

5. Sí, conozco un restaurante que _____ ... o

   No, no conozco un restaurante que _____ .

Así se forma

3. Indicating that an action has been going on for a period of time: *Hacer* in time constructions

13-12 **¿Cuánto tiempo hace ya?** Escucha las oraciones y marca la opción correcta.

Modelo: Oyes: Hoy es sábado. Estoy esperando el paquete desde el martes.

Marcas: ☐ Hace una semana... ☒ Hace cinco días... ...que espero el paquete.

1. ☐ Hace dos meses... ☐ Hace cuatro meses... ...que estoy en El Salvador.

2. ☐ Hace ocho horas... ☐ Hace diez horas... ...que Lucas está despierto.

3. ☐ Hace tres años... ☐ Hace cinco años... ...que estamos en Guatemala.

4. ☐ Hace dos días... ☐ Hace cuatro días... ...que a Carlos le duele la espalda.

5. ☐ Hace hora y media... ☐ Hace tres horas... ...que los niños están jugando fútbol.

13-13 **¿Hace cuánto lo hizo?** Escucha las oraciones que dice Antonio y marca la opción correcta.

Hoy es el martes 15 de marzo, 2011, a las 10:00 de la mañana.

Modelo: Oyes: La última vez que tomé un tren fue en febrero.

Marcas: ☒ Hace un mes... ☐ Hace cinco meses... ...que Antonio tomó un tren.

1. ☐ Hace dos meses... ☐ Hace cuatro meses... ...que Antonio fue a un concierto.

2. ☐ Hace ocho días... ☐ Hace dos días... ...que Antonio habló con su mamá.

3. ☐ Hace tres meses... ☐ Hace cinco meses... ...que Antonio tomó un avión.

4. ☐ Hace una hora... ☐ Hace cuatro horas... ...que Antonio vio a Ricardo.

5. ☐ Hace dos años... ☐ Hace tres años... ...que Antonio viajó a Centroamérica.

Escenas

13-14 **A la llegada a Guatemala**

La profesora Falcón viaja con sus estudiantes a Guatemala. Van a pasar el mes de julio en ese país. Después de un vuelo largo, aterrizan en el Aeropuerto La Aurora, en la Ciudad de Guatemala…

Paso 1. Considerando dónde están en este momento, ¿qué piensas que van a hacer la profesora y los estudiantes?

	No	Sí
Van a dormir en el hotel.		
Van a pasar el control de pasaportes.		
Van a recoger su tarjeta de embarque.		
Van a registrarse en el hotel.		
Van a pasar por el control de aduana.		
Van a tomar un taxi para ir al hotel.		
Van a facturar el equipaje.		
Van a llevar su equipaje a sus habitaciones.		
Van a despedirse de sus familias.		
Van al reclamo de equipajes para recoger sus maletas.		

Paso 2. Lee las siguientes preguntas. Después escucha la conversación otra vez y escribe tus respuestas.

1. ¿Cómo estuvo el vuelo? ¿Cuándo se puso nerviosa la profesora Falcón?

   _____.

2. ¿Qué se le cae a Esteban?

   _____.

3. ¿Adónde van cuando salen del aeropuerto?

   _____.

4. ¿Qué le pide la profesora Falcón al recepcionista? ¿Adónde van esta tarde?

   _____.

5. ¿Dónde está el restaurante del hotel?

   _____.

CAPÍTULO 14

El mundo moderno

Así se dice *El mundo moderno*

14-1 **El mundo moderno.** Contesta las preguntas y escribe el número de cada pregunta en el círculo apropiado.

(14-2) **¿De qué hablan?** Escucha lo que dicen las personas y después, decide de qué hablan.

1.	☐ un videojuego	☐ una red social	☐ un manos libres
2.	☐ un programa	☐ una videoconsola	☐ un manos libres
3.	☐ un monitor	☐ un navegador	☐ un videojuego
4.	☐ un control remoto	☐ un programa	☐ un mensaje de texto
5.	☐ quemar un CD	☐ un videojuego	☐ un control remoto
6.	☐ un lector electrónico	☐ un monitor	☐ una cámara de video

Así se dice

El carro

(14-3) **Yolanda como conductora.** Escucha mientras Yolanda habla de su carro y cómo maneja. Para cada oración, indica qué elemento está describiendo.

1.	☐ los frenos	☐ la gasolina	☐ el maletero
2.	☐ el motor	☐ los frenos	☐ el maletero
3.	☐ el seguro	☐ el semáforo	☐ las llantas
4.	☐ la gasolina	☐ el sistema GPS	☐ el maletero
5.	☐ límite de velocidad	☐ el seguro	☐ los frenos
6.	☐ el seguro	☐ el sistema GPS	☐ las llantas

Dicho y hecho: Manual de laboratorio

14-4 **Señales de tráfico.** Escucha la descripción de cada letrero. Luego, escribe la letra de la descripción debajo del letrero apropiado.

1. _____   2. _____   3. _____

4. _____   5. _____   6. _____

14-5 **Un paseo por la ciudad.** Contesta las preguntas según el mapa de la ciudad. Después, escucha la confirmación de cada respuesta.

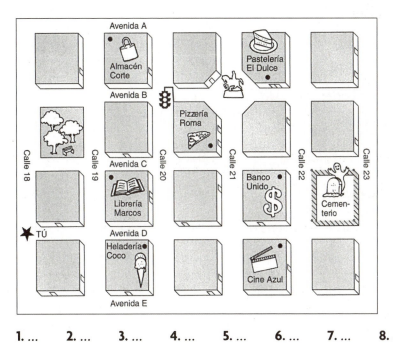

1. ...   2. ...   3. ...   4. ...   5. ...   6. ...   7. ...   8. ...   9. ...

Así se forma

---

1. *Nosotros* (Let's) commands: Making suggestions

14-6 **¿Qué quieres hacer?** Tu amigo y tú están planeando viajar juntos. Escucha las sugerencias de tu amigo y dile si estás de acuerdo o no.

Modelo: Oyes: Vayamos a una playa.

Dices: **Sí, vayamos a una playa.** *o* **No, vayamos a una ciudad/ la montaña...**

1. ...   2. ...   3. ...   4. ...   5. ...

14-7 **Antes del viaje en carro.** Indica lo que tú y tu amigo van a hacer antes de su viaje. Usa la forma de mandato de **nosotros.**

Modelo: Oyes: ¿Tenemos que ir a la gasolinera para llenar el tanque?

Dices: **Sí, vayamos a la gasolinera** *o* **No, no vayamos a la gasolinera.**

1. ...   2. ...   3. ...   4. ...   5. ...   6. ...   7. ...

Así se forma

---

2. The subjunctive with adverbial expressions of condition or purpose

14-8 **Condiciones.** Ronaldo está pensando hacer un viaje en tren, pero depende de muchas cosas. Escucha lo que le dice a su amiga Marisela. Completa las oraciones con las palabras que faltan.

Marisela, haré el viaje en tren con tal que _____ hacer las reservaciones

esta semana, y con tal que _____ boletos de _____ clase, porque

en segunda no se puede dormir bien. Y no voy a menos que me _____

tres semanas de vacaciones. Me van a avisar mañana. Y claro, no voy a menos que

tú _____ el viaje _____. ¿Qué te parece? Será un viaje muy

interesante, ¿no?

14-9 **La maleta de Alfonso.** Alfonso va a hacer un viaje a Yucatán, México. ¿Por qué lleva las cosas indicadas? Usa la expresión **en caso de que** en cada respuesta.

Modelo: Oyes: ¿Por qué lleva el paraguas?

Dices y escribes: **Lo lleva en caso de que llueva.**

llover

1.

querer hacer llamadas

_____

_____

2.

hacer fresco

_____

_____

3.

querer sacar fotos

_____

_____

4.

necesitar dinero

_____

_____

5.

tener dolor de cabeza

_____

_____

6.

ir a la playa

_____

_____

Así se dice

Los números ordinales

14-10 **Un viaje por Honduras y Nicaragua.** Escucha lo que quiere hacer cada persona y escribe el número de la actividad.

Modelo: Oyes: Manuel quiere llegar a Managua y registrarse en el hotel.

Escribes: Es la _sexta_ actividad de la lista.

Número de actividad	Descripción
1.	Llegar a Tegucicalpa; registrarse en el hotel.
2.	Visitar las ruinas de Copán.
3.	Visitar La Mosquitia y escuchar música garífuna.
4.	Visitar la iglesia de Nuestra Señora de los Dolores.
5.	Hacer rafting en el río Cangrejal.
6.	Llegar a Managua; registrarse en el hotel.
7.	Visitar el lago de Nicaragua y la isla de Ometepe.
8.	Hacer surfing en la playa Guasacate.
9.	Probar el gallopinto.
10.	Volver a Estados Unidos.

1. Es la _____ actividad de la lista.

2. Es la _____ actividad de la lista.

3. Es la _____ actividad de la lista.

4. Es la _____ actividad de la lista.

5. Es la _____ actividad de la lista.

6. Es la _____ actividad de la lista.

Así se forma

3. The imperfect subjunctive: Reacting to past actions or events

14-11 **Natalia de voluntaria.** Natalia trabajaba en una clínica en Nicaragua y decidió llevar medicamentos. Su amiga había hecho el viaje antes y le hizo varias recomendaciones. Escucha cada recomendación y completa el espacio apropiado.

Modelo: Oyes: Le recomendó que se despertara a las 5:00.
             Escribes: _que se despertara a las 5:00._

_____

_____

Para ti Quepo.

_____

_____

14-12 **¿Qué quería la profesora?** Di lo que la profesora quería que cada persona hiciera. Después escucha la confirmación.

Modelo: Oyes: Tienes que estudiar los verbos.

Dices: **Quería que yo estudiara los verbos.**

Confirmación: Quería que yo estudiara los verbos.

Oyes: Todos ustedes tienen que estudiar los verbos.

Dices: **Quería que todos nosotros estudiáramos los verbos.**

Confirmación: Quería que todos nosotros estudiáramos los verbos.

1. ... 2. ... 3. ... 4. ... 5. ... 6. ...

14-13 **Preguntas para ti.** Contesta las siguientes preguntas. Menciona por lo menos (*at least*) dos ejemplos en cada caso. Cada pregunta se repite una vez.

1. Me...

_y_

2. _____

_y_

3. _____

_y_

Escenas

14-14 **Hacia el lago de Nicaragua**

Linda y Manuel alquilaron un carro y están en camino al lago de Nicaragua. Manuel conduce y Linda está a su lado. Desgraciadamente°, el carro no está en muy buenas condiciones.

Unfortunately

Paso 1. En una escala de 1 (poco serio) a 5 (muy serio), ¿cómo consideras estos problemas mecánicos?

	Poco serio			Muy serio	
a. Los frenos no funcionan bien.	1	2	3	4	5
b. El carro tiene poco aceite.	1	2	3	4	5
c. El aire acondicionado hace ruido.	1	2	3	4	5
d. Una llanta necesita aire.	1	2	3	4	5
e. No puedes bajar y subir las ventanillas.	1	2	3	4	5
f. El motor hace un ruido extraño.	1	2	3	4	5

Si estás viajando, ¿cuáles de estos problemas serían una razón para parar?

Paso 2. Escucha la conversación entre Linda y Manuel y escribe un resumen (*summary*) de la historia en dos líneas.

Paso 3. Lee estas preguntas. Después escucha la conversación otra vez y escribe tus respuestas.

1. ¿Adónde van Linda y Manuel? _____.

2. ¿Quién está manejando el coche? _____.

3. ¿Por qué está nerviosa Linda? _____.

4. ¿En dónde se paran? _____.

5. ¿Qué revisa el empleado? _____.

6. ¿Qué le pasa al coche? _____.

CAPÍTULO 15

El mundo en las noticias

Así se dice *El mundo en las noticias*

15-1 **Noticias actuales.** Completa las oraciones con las palabras que faltan. Responde y escribe el número apropiado junto al lugar o actividad mencionado. Después, escucha la confirmación.

15-2 **Organizaciones.** Escucha cada descripción y decide a qué organización corresponde.

Modelo: Oyes: Número uno. Protege los mares, los animales en peligro de extinción, el medio ambiente, etc.

Escribes: <u>1</u> Greenpeace

_____ Hábitat para la Humanidad   _____ UNICEF

_____ Sociedad Americana contra el Cáncer   <u>1</u> Greenpeace

_____ Amnistía Internacional   _____ El Ejército de Salvación

_____ PETA   _____ La Cruz Roja

Así se dice

Tus opiniones sobre los problemas mundiales

15-3 **Lo positivo y lo negativo.** Escucha las siguientes expresiones. Indica con una **X** si cada una tiene un efecto positivo o negativo en nuestra sociedad.

Modelo: Oyes: el desempleo

Marcas: ☐ positivo   ☐ negativo

1. ☐ positivo   ☐ negativo   7. ☐ positivo   ☐ negativo

2. ☐ positivo   ☐ negativo   8. ☐ positivo   ☐ negativo

3. ☐ positivo   ☐ negativo   9. ☐ positivo   ☐ negativo

4. ☐ positivo   ☐ negativo   10. ☐ positivo   ☐ negativo

5. ☐ positivo   ☐ negativo   11. ☐ positivo   ☐ negativo

6. ☐ positivo   ☐ negativo   12. ☐ positivo   ☐ negativo

15-4 **Asociaciones.** Escucha las siguientes palabras y escribe otras palabras asociadas en los espacios.

1. _____   4. _____

2. _____   5. _____

3. _____   6. _____

Así se forma

1. The subjunctive with time expressions: Talking about pending actions

15-5 **¿Cuándo se van?** Los universitarios se van de viaje para ser voluntarios en Baja California, pero todavía no están listos para salir. Di que se van **cuando/ tan pronto como/ después de que** hagan ciertas cosas.

tan pronto como / Camila

Modelo: Oyes: limpiar su apartamento.

Dices: **Se van tan pronto como Camila limpie su apartamento.**

1.

cuando / Javier

2.

tan pronto como / Alfonso

3.

después de que / Esteban

4.

tan pronto como / Rubén

5.

cuando / Carmen y Linda

6.

después de que / Pepita e Inés

15-6 **El viaje de Ronaldo.** Escucha a Ronaldo hablar de cuándo hará un viaje por todo el mundo. Escribe una lista de las condiciones necesarias para que haga su viaje.

> ### Ronaldo hará su viaje
>
> cuando...
>   se gradúe,

15-7 **Preguntas para ti.** Escribe respuestas para las siguientes preguntas. Contesta con oraciones completas. Cada pregunta se repite una vez.

1. _____

2. _____

3. _____

4. _____

Así se forma

2. The present perfect subjunctive: Expressing reactions to recent events

15-8 **No lo creo.** Escucha estas afirmaciones y di que dudas que las personas indicadas hayan hecho estas cosas.

Modelo: Oyes: Esteban ha montado a caballo.
Dices: **Dudo que Esteban haya montado a caballo.**

1. _____ .

2. _____ .

3. _____ .

4. _____ .

5. _____ .

Dicho y hecho: Manual de laboratorio

15-9 **Mi reacción.** Indica si **te alegra que** o **sientes que** estas cosas hayan ocurrido.

> **Modelo:** Oyes: He sacado una A en Biología.
> Dices: **Me alegro de que hayas sacado una A en Biología.**

1. _____.

2. _____.

3. _____.

4. _____.

5. _____.

Así se forma

3. *Si* clauses: Hypothesizing

15-10 **Estaría muy feliz (*happy*).** Escucha la descripción de cada persona. Después, completa las oraciones imaginando qué haría felices a estas personas.

> **Modelo:** Oyes: Carlos: Es un candidato en las próximas elecciones.
> Escribes: *si ganara las elecciones/ consiguiera muchos votos*

1. Lidia estaría muy feliz si _____.

2. Teresa estaría muy feliz si _____.

3. Héctor estaría muy feliz si _____.

4. Humberto estaría muy feliz si _____.

5. Elena estaría muy feliz si _____.

6. Margarita estaría muy feliz si _____.

15-11 **Y tú, ¿qué harías?** Tu amiga tiene muchos problemas, escúchale y dile qué harías tú.

Modelo: Oyes: Estoy muy cansada.

Dices y escribes: **Si yo estuviera cansado/a intentaría acostarme temprano esta noche.**

1. _____

_____

2. _____

_____

3. _____

_____

4. _____

_____

5. _____

_____

15-12 **Preguntas para ti.** Escribe respuestas para las siguientes preguntas. Contesta con oraciones completas. Cada pregunta se repite una vez.

1. _____

2. _____

3. _____

Escenas

15-13 **Una entrevista**

Irene Piedras, reportera y presentadora° del noticiero «Verdad»,   anchorwoman, host
está en el Ayuntamiento° de Buenavista para entrevistar a su   Town Hall
alcalde° unos días antes de las elecciones.   mayor

Paso 1. Con base en el título y en la breve descripción de arriba, marca en las dos primeras columnas los temas que Irene Piedras probablemente mencione en la entrevista.

	es probable	no es probable	Paso 2
1. la delincuencia	_____	_____	_____
2. la guerra	_____	_____	_____
3. el cáncer y el SIDA	_____	_____	_____
4. el desempleo	_____	_____	_____

5. la corrupción   _____   _____   _____

6. la pobreza   _____   _____   _____

7. el terrorismo   _____   _____   _____

8. la drogadicción   _____   _____   _____

Paso 2. Escucha la conversación y marca en la última columna de arriba los temas que mencionan.

Paso 3. Escucha la conversación otra vez y responde a las siguientes preguntas.

1. ¿Quiénes apoyan al alcalde en la lucha contra la drogadicción?

   _____

2. ¿Qué ha filmado el equipo del noticiero?

   _____

3. Según las estadísticas, ¿qué problemas tiene Buenavista respecto a...

   - la delincuencia? _____

rate
   - la tasa° de desempleo? _____

   - los desamparados? _____

   - las empresas y compañías?_____

4. ¿Qué responde el alcalde? _____

5. Finalmente, ¿qué les pide el alcalde a los ciudadanos de Buenavista?

   _____

Answer Key

Answer Key
for Cuaderno de actividades

Capítulo 1

1-1

1. ¿Cómo se llama usted?
2. ¿Cómo te llamas?
3. Me llamo...
4. ...le presento a mi amigo Octavio.
5. ...te presento a mi amigo Octavio.
6. Encantado/a. *o* Mucho gusto.
7. El gusto es mío. *o* Igualmente.

1-2

1. ¿De dónde es la profesora Guzmán? Es de España.
2. ¿De dónde es usted? Soy de Texas.
3. ¿De dónde eres tú? Soy de Arizona.
4. ¿De dónde son ellas? Son de Chicago.

1-3

Circle: Buenos días, señor/a...; ¿Y usted?; Regular.; Bien gracias; Hasta mañana; ¿Cómo está usted?; Adiós.
Underline: ¿Cómo estás?; ¡Hola!; Regular.; Bien gracias.; Pues, hasta luego.; ¿Y tú?; Hasta mañana.; ¿Qué tal?; ¿Qué pasa?; Fenomenal.; Adiós.; Pues nada. Voy a...

(Conversation will vary.)

1-4

1. Buenas tardes, señor Gutiérrrez.
2. ¿Cómo está usted?
3. Hola, Lisa.
4. ¿Cómo estás? *o* ¿Qué tal?
5. ¿Qué pasa? *o* ¿Qué hay de nuevo?
6. Hasta mañana.

1-5

1. Perdón. *o* Disculpa.
2. Muchas gracias. *o* Gracias. De nada.
3. Con permiso.
4. Perdón, (profesor/a).

1-6

1. yo
2. nosotros/as
3. tú
4. vosotros/as
5. ustedes
6. ellas
7. usted

1-7

1. Sí, es pesimista. *o* ¡No, no es pesimista!
2. Sí, es inteligente. *o* ¡No, no es inteligente!
3. Sí, es irresponsable. *o* ¡No, no es irresponsable!
4. Sí, es sentimental. *o* ¡No, no es sentimental!

1-8

1. somos
2. soy
3. son
4. es

1-9

1. f
2. b
3. g
4. d
5. h
6. c
7. a
8. e

(Adjectives and sentences will vary.)

1-10
(Answers will vary.)

1-11

1. quince
2. veintisiete
3. sesenta
4. ochenta
5. cuarenta y seis
6. cincuenta y cinco
7. catorce
8. noventa y tres

1-12
(Answers will vary.)

1-13

eme-o-ene-te-e-uve-i-de-e-o
ele-a hache-a-be-a-ene-a
ese-a-ene jota-o-ese-e
(Answers will vary.)

1-14

martes miércoles jueves viernes sábado domingo

1. ...lunes, el miércoles, el viernes
2. el martes, el jueves
3. el martes
4. el sábado
5. el domingo

1-15

1. enero, febrero
2. abril, mayo
3. julio, agosto
4. octubre, noviembre

1-16
(No answers provided for reading exercises.)

1-17
(Answers will vary.)

1-18

1-19

1. ...tres y media *o* tres y treinta de la mañana.
2. Son las ocho y diez de la mañana.
3. Es la una menos cuarto de la tarde. *o*
   Son las doce y cuarenta y cinco de la tarde.
4. Son las doce menos diez de la noche. *o*
   Son las once y cincuenta de la noche.

1-20, 1-21
*(No answers provided for **Repaso general** exercises.)*

Capítulo 2

2-1
(Answers will vary.)

2-2

1. la composición
2. la red/Internet
3. el cuaderno
4. el sitio web
5. el teclado
6. el ratón
7. la tarea
8. la nota

AK 3

2-3

1. Sí, hay video o DVD. *o* No, no hay video o DVD.
2. Sí, hay televisor. *o* No, no hay televisor.
3. Sí, hay un reloj. *o* No, no hay un reloj.
4. Sí, hay pizarra/s. *o* No, no hay pizarra/s.
5. Sí, hay un escritorio. *o* No, no hay un escritorio.
6. Sí, hay un mapa. *o* No, no hay un mapa.
7. Sí, hay computadora/s. *o* No, no hay computadora/s.

2-4

(No answers provided for reading exercises.)

2-5

1. la tarea, el examen, las oraciones, la composición, los ejercicios, las respuestas, la prueba, el problema
2. unos cuadernos, una mochila, unos mapas, un bolígrafo, un lápiz, una calculadora, un diccionario, unos libros

2-6

(Numbers will vary.)

1. los exámenes	4. los ratones
2. los lápices	5. los cuadernos
3. las plumas	6. las composiciones

2-7

(Answers will vary.)

2-8

(Answers will vary.)
1. la librería
2. la biblioteca/ el cuarto
3. la oficina del profesor
4. el laboratorio/ la clase de español
5. el centro estudiantil/ la casa
6. el centro estudiantil/ la casa

2-9

1. (Clara) Va a la clase de español. Académico
2. (Carlos y Teresa) Van al centro estudiantil. No académico
3. (Lisa y yo) Vamos a la biblioteca. Académico
4. (Tú) Vas a la oficina del profesor. Académico
5. (Carlos y tú) Van al gimnasio. No académico
6. (Samuel) Va al restaurante. No académico

2-10

1. Va a la clase de historia los lunes, los miércoles y los viernes a las diez y veinticinco de la mañana.
2. Va a la clase de química los martes y los jueves a las once y cuarto (once y quince) de la mañana.
3. Va al laboratorio de química los martes a la una y media (una y treinta) de la tarde.
4. Va a la clase de economía los lunes y los miércoles a las dos y treinta y cinco (a las tres menos veinticinco) de la tarde.

2-11

(Answers about attendance will vary.)
1. Es a las ocho y media u ocho y treinta.
2. Es a las nueve.
3. Es a las siete y cuarto *o* siete y quince.

2-12

1. por la mañana *o* por la noche
2. la noche
3. por la tarde *o* por la noche
4. temprano *o* a tiempo
5. los días
6. los fines de semana

2-13

(Answers will vary.)

1. ... voy	2. ... vamos	3. ... voy

2-14

1. a. Sí, los estudiantes casi siempre *estudian* los fines de semana. *o* No, los estudiantes no *estudian* los fines de semana nunca.
   b. Yo (no) *estudio* los fines de semana.
2. a. Sí, casi siempre *desayunan* todas las mañanas. *o* No, no *desayunan* todas las mañanas nunca.
   b. Yo (no) *desayuno* todas las mañanas.
3. a. Sí, *trabajan* casi siempre por la noche. *o* No, no *trabajan* por la noche nunca.
   b. Yo (no) *trabajo* por la noche.
4. a. Sí, casi siempre *toman* apuntes en todas las clases. *o* No, no *toman* apuntes en las clases nunca.
   b. Yo (no) *tomo* apuntes en las clases.
5. a. Sí, casi siempre *navegan* por la red y *mandan* mensajes electrónicos. *o* No, no *navegan* por la red y no *mandan* mensajes electrónicos nunca.
   b. Yo (no) *navego* por la red y (no) *mando* mensajes electrónicos.

2-15

1. llegan	4. habla
2. desayunamos; cenamos	5. compras
3. saco	

2-16

1. comer *o* beber	6. estudiar *o* leer
2. vivir	7. hablar
3. comprar	8. imprimir
4. estudiar *o* leer *o* escribir	9. estudiar
5. escribir	10. beber

2-17

(Answers will vary.)

1. Vivo en...	4. Como en...
2. Hago la tarea...	5. Salgo con mis amigos...
3. Comprendo mejor...	

2-18

1. Sí, (No, no) asistimos a muchos conciertos.
2. Sí, (No, no) comemos en restaurantes con frecuencia.
3. Sí, (No, no) bebemos cerveza.
4. Sí, (No, no) vamos al centro estudiantil con frecuencia.
5. Sí, (No, no) vivimos en las residencias estudiantiles de la universidad.

2-19, 2-20, 2-21

*(No answers provided for **Repaso general** exercises.)*

Answer Key: Cuaderno de actividades

Capítulo 3

3-1 ✓
1. bebé
2. padres
3. hermano
4. carro/auto/coche
5. tía
6. esposa
7. perro/gato
8. casa
9. abuela
10. madre
11. nieta
12. prima

3-2 ✓
1. Berta y Andrés
2. Carmen
3. Luisito
4. Dani, Nico y Luisito
5. Dani y Nico
6. Lucía

3-3 ✓
1. padrastro
2. hermanastros
3. cuñada
4. sobrino
5. bisabuela
6. mejor

3-4 ✓
1. ...tiene cuarenta y cuatro años
2. ...tiene sesenta y siete años
3. ...tiene cien años
4. ...tienen doce años

3-5 ✓
1. ...tiene...
2. ...tiene...
3. ...tienen...
4. ...tienen...
5. ...tienen...
6. ...tengo...
7. ...tengo...
8. ...tenemos...

3-6
(Answers will vary.)

3-7
1. al = en su oficina
2.   en el campus
3. a = en el parque
4.   en su mochila

3-8 ✓
(Answers will vary.)
1. Son guapos.
2. Soy rico.
3. Es inteligente.
4. Es trabajadora.
5. Es alta.
6. Son morenos.
7. Son fuertes.
8. Son interesantes.
9. Es simpático.
10. Son mayores.
11. Son pequeñas.
12. Son fáciles.
13. Son buenos.

3-9 ✓
(Answers will vary.)

3-10
(Answers will vary for the second part of each sentence.)
1. mi
2. su
3. sus
4. tu
5. nuestras
6. sus

3-11
1. Sí, es su esposa.
2. No, no son sus tíos. Son sus abuelos.
3. No, no son mis hermanos. Son mis primos.
4. No, no es nuestro primo. Es nuestro tío.
5. No, no son nuestras tías. Son nuestras abuelas.
6. Sí, es su hijo.

3-12
1. ¿De quién son los DVD? Son del profesor.
2. ¿De quién son los discos compactos? Son de la profesora.
3. ¿De quién es el bolígrafo? Es de Alberto.
4. ¿De quién son los cuadernos? Son de los estudiantes.
5. ¿De quién es la casa? Es del rector de la universidad.

3-13 ✓
(Answers will vary.)
1. ...estoy en...
2. ...está en...
3. ...están en...
4. ...está en...
5. ...estás...

3-14 ✓
(Answers will vary. Some possible answers are:)
1. Estás en casa.
2. Está en el campo.
3. Estamos en la playa.
4. Están en clase/el aula/la escuela/el colegio.
5. Estoy en el laboratorio/el trabajo/la biblioteca.
6. Están en las montañas.

3-15 ✓
1. Están cansadas.
2. ...están preocupados o nerviosos o estresados.
3. ...está enojada o triste o preocupada!
4. Están tristes o preocupados.
5. ...están aburridos.
6. Están cansados.
7. Está enfermo.

3-16 ✓
1. ...es de México.
2. ...es estudiante.
3. ...es muy simpática y muy divertida.
4. ...está en Washington.
5. ...está contenta.
6. ...están ocupados.

3-17 ✓
1. está
2. Es
3. es, es
4. están
5. es
6. Es
7. Es
8. está
9. es
10. Está

3-18
(No answers provided for reading exercises.)

3-19, 3-20, 3-21
(No answers provided for **Repaso general** exercises.)

Capítulo 4: ¡A la mesa!

4-1
1. la naranja
2. la cereza
3. la sandía
4. la uva
5. el limón
6. la fresa
7. la manzana
8. la banana/ el plátano
9. el melocotón/durazno
10. la piña

4-2
(Answers will vary.)

4-3
(No answers provided for reading exercises.)

4-4
Anita: Esta noche voy a hacer paella porque me _gusta_ el arroz y también me _gustan_ mucho los camarones. ¿A ti te _gusta_ la paella?

Lidia: No, no me _gusta_. Bueno, es que yo soy vegetariana y no me _gustan_ los mariscos ni las carnes.

Anita: Entonces, puedo hacer una versión vegetariana para ti. ¿Te _gustan_ las judías verdes y las alcachofas?

Lidia: Sí, gracias. Pues yo compro el postre, a todos les _gusta_ el sorbete de fruta, ¿verdad?

4-5
1. A mis hermanos les gustan las chuletas de cerdo. *o* A mis hermanos no les gustan las chuletas de cerdo.
2. A mi mamá le gusta el pollo. *o* A mi mamá no le gusta el pollo.
3. A mí me gustan las frutas. *o* A mí no me gustan las frutas.
4. A mi papá le gustan las papas con carne de res. *o* A mi papá no le gustan las papas con carne de res.
5. *(Answers will vary.)*

4-6
2. Duermes
3. Puedes
4. Almuerzas
5. Sirven
6. Entiendes

1. Prefiero la clase de...
2. Sí, duermo ocho horas todas las noches. *o* No, no duermo ocho horas todas las noches.
3. Sí, puedo estudiar toda la noche sin dormir. *o* No, no puedo estudiar toda la noche sin dormir.
4. Sí, almuerzo al mediodía. *o* No, no almuerzo al mediodía.
5. Sí, sirven platos vegetarianos en la cafetería. *o* No, no sirven platos vegetarianos en la cafetería.
6. Sí, entiendo todo lo que dice mi profesor/a de español. *o* No, no entiendo todo lo que dice mi profesor/a de español.

4-7
1. ¿Dónde almuerzan (ustedes) normalmente? Almorzamos en...
2. En los restaurantes, ¿qué comida piden (ustedes) con frecuencia? Pedimos...
3. ¿Qué bebidas prefieren (ustedes)? Preferimos...
4. ¿Adónde quieren ir (ustedes) esta noche? Queremos ir a...
5. ¿Cuándo pueden salir (ustedes)? Podemos salir...

4-8
1. desayuno
2. almuerzo
3. cena
4. ensalada
5. vinagre
6. fritas
7. pimienta
8. mermelada
9. azúcar
10. vino
11. frío
12. bebidas
13. postres

4-9
(Answers will vary.)

4-10
(Answers will vary.)

4-11
1. 4,810 cuatro mil ochocientos diez
2. 4,237 cuatro mil doscientos treinta y siete
3. 3,949 tres mil novecientos cuarenta y nueve
4. 5,109 cinco mil ciento nueve
5. 2,665 dos mil seiscientos sesenta y cinco
6. 14,364 catorce mil trescientos sesenta y cuatro

4-12
1. ¿Cuándo vas a cenar, ahora o más tarde?
2. ¿Dónde está el restaurante?
3. ¿Qué tipo de comida sirven?
4. ¿Quién es esa mujer?
5. ¿Cómo preparan el pescado, frito o al horno?
6. ¿Cuál de los postres deseas?
7. ¿Cuánto cuesta la cena?

4-13
(Answers will vary. Some suggested answers are:)
1. ¿Cómo estás hoy? Bien gracias, ¿y tú?
2. ¿Dónde vives ahora? Vivo en...
3. ¿Cuántos hermanos o hermanas tienes? Tengo...
4. ¿Cuál es tu comida favorita? Es...
5. ¿Cuándo puedes ir al cine conmigo? Puedo ir al cine (contigo)...

4-14, 4-15
*(No answers provided for **Repaso general** exercises.)*

Capítulo 5

5-1
1. tocar
2. esquiar
3. perder
4. nadar
5. las flores
6. la/una pelota
7. el tenis
8. las hojas
9. descansar
10. correr
11. pintar
12. cantar

5-2
1. amarillas
2. rojas
3. verde
4. anaranjadas
5. blancas, moradas
6. azules
7. marrón
8. blanca

5-3
1. *(Answers will vary.)*
2. (el) verde
3. (el) amarillo
4. (el) marrón
5. (el) rojo
6. (el) rosa
7. (el) azul
8. (el) rojo, (el)blanco y (el) azul
9. (el) negro

5-4
1. Quiere ir de compras.
2. Quiere limpiar el apartamento.
3. Quiere ver el partido en la tele.
4. Quieren bailar.
5. Quiere manejar.

5-5 *(No answers provided for reading exercises.)*

5-6
1. ¿Conoces a ese chico?
2. (...) no sé su nombre
3. ¿Sabes dónde vive?
4. No, pero conozco a sus amigos. Todos saben tocar (...)
5. Yo no conozco a ningún músico, pero sé que (...)

5-7
1. Conozco a María Luisa.
2. Sé su número de teléfono.
3. ¿Sabes dónde vive ella?
4. ¿Conoces bien esa parte de la ciudad?
5. María Luisa sabe tocar el piano muy bien.
6. ¿Saben tocar algún instrumento musical?

5-8
Los fines de semana...
1. yo hago... él/ella hace...
2. yo doy... él/ella da...
3. yo salgo... él/ella sale...
4. yo veo... él/ella ve...
5. yo oigo... él/ella oye
Los lunes
1. vengo... viene...
2. traigo... trae...
3. pongo... pone...
4. digo... dice...
5. tengo... tiene...

5-9 *(Answers may vary slightly.)*
1. Mis compañeros de clase oyen los ejercicios de español en el laboratorio.
2. Yo también vengo al laboratorio y traigo mis auriculares. Hago la tarea de español y oigo música en español.
3. Muchas páginas web tienen videos. A veces también veo videos en español en el laboratorio.

5-10
1. hacer investigación para su trabajo escrito
2. trabajar el sábado por la tarde
3. ir al supermercado
4. limpiar el apartamento
5. jugar al tenis con Javier
6. ir al cine o a una fiesta con algunos de sus amigos
7. descansar

5-11 *(Answers will vary.)*
1. Pienso...
2. Tengo que...
3. Debo...
4. Tengo ganas de...

5-12
1. Vamos a cenar en un restaurante.
2. Va a descansar.
3. Van a ir a una discoteca.
4. Voy a hacer ejercicio en el gimnasio.

5-13
(Answers are not provided for creative writing exercises.)

5-14 *(Answers may vary.)*
1. frío
2. Hace calor
3. Hace buen tiempo. *o* Hace sol
4. Hace mal tiempo
5. Hace fresco
6. Está nublado. *o* Hay nubes
7. lloviendo, Llueve, lluvia
8. nieve
9. Hace, viento
10. tengo mucho calor

5-15
1. ¿Qué tiempo hace en Buenos Aires? *o* ¿Cómo/ Qué tal está el clima en Buenos Aires?
2. Hace mucho frío y tengo frío porque mi apartamento no tiene calefacción.
3. Hace calor aquí y tengo calor porque mi apartamento no tiene aire acondicionado.

5-16
1. Está jugando al tenis.
2. Está nadando.
3. Está tomando el sol.
4. Está leyendo un libro.
5. Está durmiendo/ Está descansando.
6. Están recogiendo la basura.

5-17
(Answers are not provided for creative writing exercises.)

5-18
1. Es
2. están
3. son
4. está
5. es
6. son
7. están
8. Estás
9. Eres

5-19
1. es, *origin*
2. Es, *characteristics/ qualities*
3. está, *location*
4. están, *action in progress*
5. Está, *condition*
6. Es, *identity*

5-20, 5-21
(No answers provided for Repaso general exercises.)

Capítulo 6

6-1

1. acostarse	6. divertirse	11. las tijeras
2. el peine	7. relajarse	12. despertarse
3. vestirse	8. bañarse	13. lavarse
4. sonar	9. quitarse (la ropa)	14. secarse
5. levantarse	10. dormirse	15. afeitarse

6-2 *(No answers provided for reading exercises.)*

6-3 *(The frequency of each activity can vary.)*
1. Inés se maquilla.
2. Octavio se afeita.
3. Linda y Manuel bailan.
4. Las chicas se quitan el maquillaje.
5. Yo me ducho.
6. Nosotros nos peinamos.
7. Camila lava la ropa.
8. Ana y Lupe se ponen los pijamas.
9. Mi hermano limpia su casa.
10. Yo me acuesto muy tarde.

6-4 *(The rest of the answer will vary.)*
1. Hoy me levanté...
2. Me despierto...
3. Después de levantarme...
4. Puedo relajarme...
5. Sí, tengo tiempo. *o* No, no tengo tiempo.
6. Me acuesto a las... (normalmente). Sí, me duermo fácilmente. *o* No, no me duermo fácilmente.

6-5 *(Cierto/Falso answers will vary.)*
1. frecuentemente
2. fácilmente
3. rápidamente
4. constantemente
5. Usualmente

6-6
1. se, se, nos, nos   2. se, nos   3. se, se, nos, nos

6-7
1. se conocen
2. se miran
3. se dicen
4. se llaman
5. se mandan
6. se ayudan
7. nos hablamos
8. nos ayudamos
9. nos comprendemos
10. nos tratamos

6-8 *(Answers may vary.)*
1. el médico/ la médica, el doctor/ la doctora, el enfermero/ la enfermera, el/la recepcionista, el secretario/ la secretaria
2. el/la recepcionista, el secretario/ la secretaria, el contador/ la contadora, el hombre/ la mujer de negocios, el programador/ la programadora de computadoras, el abogado/ la abogada, el/la periodista
3. el mesero/ la mesera, el cajero/ la cajera
4. el dependiente/ la dependienta, el cajero/ la cajera
5. el amo/ el ama de casa

6-9
1. el/la periodista
2. (trabajo) a tiempo parcial
3. (trabajo) a tiempo completo
4. la fábrica
5. el abogado/ la abogada
6. los empleados

6-10 *(Answers will vary.)*

6-11
Escribí, Escribió, No escribieron
Practiqué, Practicó, No practicaron
Leí, Leyó, No leyeron
Fui, Fue, No fueron
Dormí, Durmió, No durmieron

6-12
(Answers will vary.)
1. Estudiamos... 2. Vimos... 3. Comimos...
4. Salimos... 5. Fuimos...

6-13
1. ¿Fuiste...?
2. ¿Te cortaste...?
3. ¿Compraste...?
4. ¿Comiste...?
5. ¿Completaste...?
6. ¿Aprendiste...?
7. ¿Llegaste...?
8. ¿Imprimiste...?
9. ¿Hablaste...?
10. ¿Buscaste...?

6-14
1. fue
2. Leí
3. Jugué
4. Almorcé
5. Fui, saqué
6. Llegué, llamó, invitó

6-15 *(Answers will vary.)*

6-16
1. la tengo
2. no las sé
3. no lo tengo aquí
4. los tiene
5. me llamó Leo
6. nos va a ayudar/ va a ayudarnos

6-17
1. Rosa los va a comprar. *o* Rosa va a comprarlos.
2. Mirta y Lidia la van a preparar. *o* Mirta y Lidia van a prepararla.
3. Alberto y su novia la van a cocinar. *o* Alberto y su novia van a cocinarla.
4. Yo las voy a traer. *o* Yo voy a traerlas.
5. La profe lo va a limpiar después de la fiesta. *o* La profe va a limpiarlo después de la fiesta.

6-18
1. Sí, la está haciendo. *o* Sí, está haciéndola.
2. Sí, lo están limpiando. *o* Sí, están limpiándolo.
3. Sí, los está llamando. *o* Sí, está llamándolos.
4. Sí, las estoy preparando. *o* Sí, estoy preparándolas.
5. Sí, te estoy escuchando. *o* Sí, estoy escuchándote.

6-19, 6-20
*(No answers provided for **Repaso general** exercises.)*

Capítulo 7

7-1

1. la parada	6. el banco	11. revista
2. esperar	7. el museo	12. película
3. un rascacielos	8. la iglesia	13. entrar
4. el buzón	9. plaza	14. gente
5. el cine	10. el periódico	15. taxi

7-2

1. centro, ciudad
2. Museo, abre, cierra
3. mejor
4. obra, hacer fila/cola, entradas, empieza, termina

7-3

1. lejos de, cerca de	4. delante de
2. entre	5. detrás de
3. al lado de	6. frente a

7-4

(Answers will vary.)

CELIA: Anita, en vez de estudiar, ¿quieres ir al cine?

ANITA: Sí, pero antes de salir tengo que enviar este correo electrónico...

CELIA: Después de ver la película podemos caminar a El Mesón para cenar.

ANITA: Está muy cerca del teatro, y la comida es excelente.

7-5

1. conmigo	4. conmigo	7. ella
2. contigo	5. nosotras	8. nosotros
3. ti	6. mí	

7-6

1. Aquel	4. Estos	6. Esa	8. esa
2. Esta	5. Aquella	7. Esta	9. esta
3. aquella			

7-7

1. esta	5. Estos
2. Esa	6. este
3. esas/aquellas	7. estas/esas
4. esas/aquellas	

7-8

TÚ: hiciste

ELENA: hice, hicimos, hicieron

7-9

1. repitió (Bueno)	5. durmió (Malo)
2. pidió (Malo)	6. se murió (Malo)
3. pidieron (Bueno)	7. nos divertimos (Bueno)
4. sirvió (Malo)	

7-10

(Answers will vary.)

1. Normalmente, Tina y Elena piden pizza con carne. Pero anoche pidieron...
2. Normalmente, el profesor de español almuerza con los otros profesores. Pero ayer almorzó...
3. Normalmente, yo juego al tenis por la tarde. Pero ayer jugué...
4. Normalmente, Carlos empieza sus clases a las ocho de la mañana. Pero ayer empezó...
5. Normalmente, Nicolás y Samuel duermen ocho horas. Pero anoche durmieron...
6. Normalmente, tú y yo nos divertimos mucho. Pero anoche...

7-11

2. Escribí la dirección en el sobre.
3. Compré un sello en la oficina de correos.
4. Eché la carta al correo.
5. Mandé también una tarjeta postal.
6. Recibí un paquete de mi familia.

7-12

1. cambiar, cheques, viajero	6. contar
2. firmar	7. depositar
3. cajero automático, moneda	8. cobrar
4. efectivo	9. guardar, ahorrar
5. cambio	10. encontrar

7-13

(No answers provided for reading exercises.)

7-14

te, te, te, me, te, me, nos, me, me, nos

7-15

(Answers will vary.)

7-16

1. Le	5. nos
2. me	6. le
3. Les	7. le, les
4. me	8. te

7-17

1. A mi primo le regaló unos CD.
2. A mis padres les regaló una preciosa figurita.
3. A ti te regaló una raqueta.
4. A mi hermana le regaló una mochila.
5. A todos los sobrinos nos regaló dinero.
6. A mí me regaló...

7-18, 7-19

*(No answers provided for **Repaso general** exercises.)*

Capítulo 8

8-1

1. el bolso	10. los zapatos
2. el impermeable	11. el traje
3. el anillo	12. el cinturón
4. el collar	13. la gorra
5. el reloj	14. la bufanda, los guantes
6. las botas	15. los pendientes
7. la corbata	16. el algodón, la lana, la seda
8. las medias	17. los regalos
9. el sombrero	

8-2

(Answers will vary.)

8-3

(No answers provided for reading exercises.)

8-4

1. tallas
2. lentes, contacto
3. sucio
4. ropero
5. oro, plata
6. larga, corta
7. cara, barata

8-5

1. vemos
2. mira
3. buscar(la)
4. ver

8-6

1. Esos pantalones son suyos.
2. Esta camisa es tuya.
3. Ese abrigo es suyo.
4. Estas bufandas son nuestras.
5. Estos calcetines son tuyos.
6. Esta gorra es suya.
7. Ese cinturón es mío.
8. Aquellos zapatos son suyos.

8-7

1. Sí, es mío.
2. Sí, son mías.
3. Sí, es suyo.
4. Sí, es suya.
5. Sí, son nuestras.
6. Sí, son nuestros.

8-8

Antonio: míos
Miguelito: tuyos, míos
Mamá: suyos

8-9

1. ¿Hiciste la tarea anoche? Sí/No, no hice...
2. ¿Pudiste hablar con la profesora ayer? Sí/No, no pude...
3. ¿Trajiste los libros a clase hoy? Sí/No, no traje...
4. ¿Estuviste en alguna fiesta el fin de semana pasado? Sí/No, no estuve...
5. ¿Tuviste que trabajar ayer? Sí/No, no tuve que...
6. ¿Supiste la nota que sacaste en el último examen de español? Sí/No, no supe...

8-10

1. hizo, Hicimos
2. vinieron
3. trajeron
4. Puse
5. pudo
6. Estuvimos
7. Tuvimos

8-11

(Answers will vary.)

8-12

1. Sí, me la prestó.
2. Sí, me la dio.
3. Sí, me las mostró.
4. Sí, me la compró.
5. Sí, me lo cantó.
6. Sí, me lo dijo.
7. se lo
8. se la
9. se la
10. se lo

8-13

(Answers will vary.)

1. Te lo trajo...
2. Me la escribió...
3. Me lo prestó...
4. Nos las dio...
5. Nos invitó...
6. Me lo dijo...

8-14

1. Va a regalárselos a Elena y a Sonia. o Se los va a regalar a Elena y a Sonia
2. Va a regalársela a su hermanita. o Se la va a regalar a su hermanita.
3. Va a mostrárselas a sus abuelos. o Se las va a mostrar a sus abuelos.
4. Va a mostrárselo a la profesora Serra. o Se lo va a mostrar a la profesora Serra.
5. Va a devolvérsela a Juan. o Se la va a devolver a Juan.
6. Va a devolvérsela a su mamá. o Se la va a devolver a su mamá.

8-15

1. nada
2. nunca
3. nadie
4. tampoco

8-16

1. también
2. algunas
3. alguien
4. algunos
5. todo
6. algo
7. algunas
8. también
9. algunos
10. algunos
11. ningún
12. tampoco
13. ningún
14. nadie
15. ni
16. ni

8-17, 8-18

*(No answers provided for **Repaso general** exercises.)*

Capítulo 9

9-1

1. la habitación
2. el/la paciente
3. las muletas
4. el estómago
5. el/la paramédico/a
6. la cama
7. los pulmones
8. enfermarse
9. la vacuna
10. embarazada
11. la ambulancia
12. el termómetro
13. la herida
14. el corazón
15. el hueso
16. quedarse

9-2

se enfermó, estómago, ambulancia, paramédico, sala de emergencias, silla de ruedas, presión/temperatura, temperatura/presión, examinó, análisis de sangre, radiografía, quedarse, infección

9-3

1. orejas
2. nariz
3. boca
4. dientes
5. labios
6. ojos
7. manos, pies
8. brazos
9. piernas, pies

9-4
1. tabaco.
2. Modere su consumo de bebidas alcohólicas.
3. Protéjase durante la exposición al sol.
4. Evite el exceso de peso y coma frecuentemente frutas, cereales y legumbres.
5. Mantenga un comportamiento sexual sano y una higiene adecuada.

9-5
(Answers will vary.)
1. Vuelva a casa ahora.
2. Descanse mucho.
3. Beba líquidos.
4. Tome aspirinas.
5. Acuéstese temprano.
6. No venga a la universidad mañana.
7. Haga una cita con su médico/a.

9-6
1. Lleguen al trabajo a tiempo.
2. Traigan su almuerzo o...
3. ...almuercen en la cafetería del almacén.
4. No fumen en el almacén.
5. Vístanse con ropa profesional.
6. No salgan antes de las cinco de la tarde.
7. Pongan la ropa en los estantes todas las mañanas.
8. Hagan su trabajo de una manera eficiente.
9. Vayan a la sala de empleados para usar el teléfono.
10. Hablen conmigo si hay problemas.

9-7
1. no los ponga en la mesa
2. ábrala
3. muéstreselos
4. démelo
5. no lo haga ahora

9-8
(Answers will vary.)
1. dolor de estómago, diarrea, náuseas, vómitos
2. cansancio, congestión nasal, dolor de cabeza, dolor de garganta, escalofríos, estornudar, fiebre, tos
3. congestión nasal, dolor de garganta, estornudar, tos
4. congestión nasal, dolor de garganta, estornudar, tos, escalofríos, fiebre

9-9
(No answers provided for reading exercises.)

9-10
(Answers will vary.)
1. Antes comía... Ahora como...
2. Antes tomaba... Ahora tomo...
3. Antes dormía... Ahora duermo...
4. Antes pasaba... Ahora paso...

9-11
(Answers will vary.)
1. iba
2. jugaba
3. hacía/compraba
4. comíamos, bebíamos
5. eran

9-12
(Answers will vary.)
1. jugábamos
2. veíamos
3. escuchábamos
4. íbamos
5. comíamos, bebíamos
6. éramos

9-13
a. *imperfect/ imperfecto*
b. *preterit/ pretérito*
(Answers will vary.)
1. hablaba... habló...
2. despertaba... despertó...
3. les tomaba... les tomó...
4. les ponía... le puso...
5. salía... salió...

9-14
1. dormía, sonó
2. trajo, tomaba
3. leía, llamó
4. oí, me duchaba
5. salía, se cerró

9-15
1. era, Eran, hacía
2. caminaba, Llevaba, visitaba, estaba
3. caminaba, vio, preguntó, respondió, dijo
4. buscaba, llegó, entró, se comió, se puso, se acostó
5. entró, tenía, salió
6. oyó, capturó, sacó, fueron

9-16, 9-17
*(No answers provided for **Repaso general** exercises.)*

Capítulo 10

10-1
1. la lámpara
2. el refrigerador
3. el sillón
4. la cama
5. la chimenea
6. la recámara/ el dormitorio
7. la pared
8. el comedor
9. el lavabo/ lavamanos
10. el garaje
11. el espejo
12. el techo
13. el póster
14. la sala
15. la cómoda
16. la alfombra
17. el estante
18. la escalera
19. la cocina
20. a. el fregadero,
    b. el lavaplatos

10-2
(Answers will vary.)
1. el vaso, ..., ..., ...
2. la taza, ..., ..., ...
3. el tenedor, ..., ..., ...
4. el cuchillo, ..., ..., ...
5. la cuchara, ..., ..., ...
6. la servilleta, ..., ..., ...

10-3
1. alquilar
2. muebles, luz
3. lavadora, secadora, bajar, prender
4. ruido
5. jardín
6. vecinos, ayudan
7. mudarme

10-4

(Answers will vary.)

1. poner la mesa, quitar la mesa
2. lavar los platos, secar los platos
3. hacer las camas, pasar la aspiradora
4. cortar el césped, sacar la basura

10-5

(Answers may vary, but may include:)

1. la cocina/ estufa, el microondas, el horno
2. el lavaplatos
3. la lavadora, la secadora
4. la aspiradora

10-6

2. Después, hice las camas.
3. Saqué la basura.
4. Lavé y sequé los platos sucios.
5. Puse la mesa.
6. Apagué el televisor (el estéreo).
7. Prendí el estéreo (el televisor).
8. Empecé a preparar la cena.

10-7

(No answers provided for reading exercises.)

10-8

(Answers will vary in how they are completed.)

1. Pasa tiempo con él...
2. Juega...
3. Léele...
4. Enséñale...
5. Ten paciencia...
6. Dile...

10-9

1. No lo comas.
2. No las tomes.
3. No lo devuelvas.
4. No la laves.
5. No lo abras.

10-10

(Answers will vary.)

1. No levantes... Levántate...
2. No apagues... Apaga...
3. No pongas... Pon...
4. No vayas... Ve...
5. No trabajes... Trabaja...

10-11

1. ¿Has ido... ?
2. ¿Has visto... ?
3. ¿Has comido... ?
4. ¿Has visitado... ?
5. ¿Has bailado... ?
6. ¿Has hecho... ?

10-12

1. ¿Has sacado la basura?
   Sí, la he sacado.
2. ¿Has hecho la cama?
   Sí, la he hecho.
3. ¿Has terminado los ejercicios de matemáticas?
   Sí, los he terminado.
4. ¿Te has lavado las manos?
   Sí, me las he lavado.

5. ¿Te has cepillado los dientes?
   Sí, me los he cepillado.
6. ¿Te has puesto los zapatos?
   Sí, me los he puesto.

10-13

1. Mis amigos nunca habían comido una paella.
2. Nosotros nunca habíamos visitado el museo de Picasso.
3. Tú nunca habías tomado sangría.
4. Yo nunca había usado euros.

10-14

(Answers may vary.)

1. ... había limpiado...
2. ... había comprado...
3. ... habían cocinado...
4. ... habíamos preparado...
5. ... había prendido...

10-15

ARMANDO: tanta, tantas, tan, como

LUIS: tanto como

ARMANDO: tanto como

LUIS: tan, como

ARMANDO: tantos, como

10-16

1. está más cerca, que
2. tiene más habitaciones que
3. tiene menos baños que
4. tiene tantas salas como
5. es tan grande como
6. es más grande que
7. es más cara que

10-17

(Answers will vary in how they are completed.)

1. El profesor más aburrido...
2. La clase más fácil...
3. El peor restaurante...
4. La actividad más divertida...
5. El programa de televisión más interesante...
6. El mejor CD...

10-18, 10-19

*(No answers provided for **Repaso general** exercises.)*

Capítulo 11

11-1

1. la luna, miel
2. comprometerse
3. embarazada
4. la cita
5. llorar
6. nacer
7. morir
8. casarse
9. la boda
10. enamorarse
11. extrañar
12. dar a luz

11-2

1. Es una adulta, está en la madurez.
2. Es un joven/ adolescente, está en la juventud/ adolescencia.
3. Es una niña, está en la niñez.

4. Es una anciana, está en la vejez.
5. Es un bebé, está en la infancia.

11-3
(No answers provided for reading exercises.)

11-4
1. viudo
2. soltera
3. amor a primera vista
4. se acuerda de
5. se queja
6. se ríe de
7. se olvida de
8. tiene celos
9. cariñosa
10. comprensivo
11. mienten, tratan de

11-5
(Answers will vary in how they are completed.)
1. Es buena idea que tus amigos le pregunten si tiene...
2. ... que yo lo/la invite a...
3. ... que tú vayas...
4. ... que tú le pidas...
5. ... que tus amigos le digan...
6. ... que tú le des...
7. *Answers will vary.*

11-6
1. Nos pide que sepamos...
2. Nos pide que pongamos las mesas...
3. Nos pide que traigamos...
4. Nos pide que llenemos...
5. Nos pide que lleguemos...
6. Nos pide que no salgamos...
7. Nos pide que vayamos a nuestras mesas...

11-7
1. Les recomiendo que piensen en las causas del problema.
2. Les recomiendo que se reúnan.
3. Les recomiendo que se hablen y se escuchen.
4. Les recomiendo que sean flexibles.
5. Les recomiendo que digan la verdad.
6. *Answers will vary.*

11-8
(Answers will vary.)

11-9
(The first part of the answers will vary.)
1. ...tenga muy buenas notas/ un buen trabajo
2. ...gane mucho dinero
3. ...sea amable
4. ...se lleve bien con su familia
5. ...tenga muchos amigos
6. ...le guste la música
7. ...sepa tocar un instrumento
8. ...haga deporte
9. ...vaya a la iglesia frecuentemente
10. *(Answers will vary.)*

11-10
1. un mensaje
2. ¡Aló!
3. el código del área
4. el teléfono celular
5. la guía telefónica

11-11
(Answers will vary.)

11-12
1. Se alegra de que haga sol, de que llegue Renato y de que se quede por una semana.
2. Quiere que lo conozcan. *o* Quiere que conozcan a Renato.
3. Espera que sus amigos puedan venir a su apartamento (mañana por la noche).

11-13
(Answers will vary in how they are completed.)

11-14
(Answers will vary.)

11-15
1. no poder ir a tu fiesta
2. que Ana esté embarazada
3. que Javier y Marta vayan a romper/rompan su compromiso
4. ser hermanas gemelas
5. que estudie más
6. que escuche la música muy alta

11-16
conoceré, conocerá, será, vendrá, tendrá, parecerá, trabajará, vivirán, invitará, seré, se enamorarán

11-17
(Answers will vary.)

11-18
(Answers will vary.)

11-19
1. Me dijo que me querría...
2. Me prometió que me diría...
3. Me prometió que se casaría...
4. Me dijo que tendríamos...
5. Me dijo que haría...
6. Me dijo que seríamos...

11-20
(Answers will vary.)

11-21, 11-22
*(No answers provided for **Repaso general** exercises.)*

Capítulo 12

12-1
1. el caballo
2. el saco de dormir
3. las olas
4. la balsa
5. emocionante
6. el fuego/ la fogata
7. la arena
8. el barco
9. peligroso
10. la tienda de campaña
11. las vacaciones
12. el pez

12-2
(Possible answers.)
1. el océano, el mar, el río, la cascada, la catarata
2. el bosque, la isla, el valle, la arena
3. el cielo, la luna, las estrellas

12-3
(Possible answers.)
1. hacer esnórkel, bucear, hacer *surf*, practicar el descenso de ríos, remar
2. escalar, dar/ hacer una caminata, el andinismo/ el alpinismo, el ciclismo (de montaña), acampar

12-4
(Answers will vary.)

12-5
(No answers provided for reading exercises.)

12-6
1. la vaca
2. la hierba
3. la gallina
4. la araña
5. la mariposa
6. la serpiente
7. el pájaro
8. el mosquito
9. el relámpago
10. la cámara

12-7
(Answers will vary.)

12-8
1. para Pablo
2. para Lidia
3. para Anita
4. para, galletas, chocolate
5. 7.80 por
6. 9.75 por
7. 3.95 por
8. por

12-9
1. por
2. para
3. por
4. para
5. por
6. para
7. por
8. para
9. por
10. para
11. por, para
12. para
(Answers will vary.)

12-10
1. desperdiciar
2. la deforestación
3. conservar
4. reciclar
5. proteger
6. contaminación
7. incendios
8. prevenir
9. *(Answers will vary.)*

12-11
1. No creo que este río tenga pirañas.
2. Es posible que la balsa esté en malas condiciones.
3. No estoy seguro de que me guste practicar el descenso de ríos.
4. Creo que me va a gustar la vegetación tropical.
5. Dudo que haya anacondas en este río.
6. Es probable que nos divirtamos en este río.

12-12
(Answers will vary.)

12-13
1. Se reciclan bolsas de plástico.
2. Se vende prensa internacional.
3. Se alquilan tiendas de campaña.
4. Se cambian pilas de reloj.
5. Se habla español.
6. Se prohíbe hacer fuego.

12-14, 12-15, 12-16
*(No answers provided for **Repaso general** exercises.)*

Capítulo 13

13-1
1. la salida
2. la demora
3. el viajero/ la viajera
4. el/la piloto
5. el maletín
6. el/la huésped
7. el billete o el boleto
8. el horario
9. la aerolínea
10. tener prisa
11. la maleta
12. la despedida
13. el avión
14. el ascensor
15. bienvenido/a/os/as

13-2
(Answers may vary.)

13-3
1. Es fenomenal que el vuelo salga a tiempo.
2. Es necesario que lleve mis documentos.
3. Es extraño que mis compañeros no hayan llegado.
4. Es extraño que lleguen tarde.
5. Es horrible que no haya restaurantes abiertos en esta terminal.

13-4
1. almohadas, sábanas, cobija/ manta
2. calefacción, aire acondicionado
3. servicio, habitación
4. propina
5. piscina

13-5
(No answers provided for reading exercises.)

13-6
1. estación, tren
2. perder
3. taquilla
4. ida, vuelta
5. primera, segunda
6. aseo

13-7

1. sea, es, sea
2. llegue, llega, llegue
3. pueda, puede, pueda

13-8

salga, pasa, tenga, tienen, esté, sirvan, puede

13-9

1. Hace cuarenta minutos que Natalia ve videos.
2. Hace veinticinco minutos que hablamos por teléfono.
3. Hace dos días que estudio para un examen de biología.
4. Hace dos meses que estudian español.

13-10

(Answers may vary.)

1. ¿Cuándo volaste en avión por primera vez?/ Volé en avión por primera vez hace...
2. ¿Cuándo sacaste tu primer pasaporte?/ Saqué mi primer pasaporte hace...
3. ¿Cuándo Fuiste a Centroamérica por primera vez?/ Fui por primera vez hace...
4. ¿Cuándo visitaste un lugar especial en Sudamérica?/ Visité un lugar especial hace...
5. ¿Cuándo viste algo especialmente interesante en tus viajes?/ Vi algo especialmente interesante hace...
6. ¿Cuándo conociste a alguien interesante en tus viajes?/ Conocí a alguien interesante hace...
7. ¿Cuándo regresaste a Estados Unidos?/ Regresé a Estados Unidos hace...

13-11, 13-12

(No answers provided for Repaso general exercises.)

Capítulo 14

14-1

(Answers may vary.)

1. manos libres, auricular, mensaje de texto
2. el cable, el satélite, el control remoto
3. funcionar, reparar, descompuesto/ roto
4. el monitor, el puerto USB, el programa
5. el navegador, el enlace, la conexión
6. el lector electrónico, el videojuego, la videoconsola, la cámara de video (digital)

14-2

1. cruzar
2. seguir
3. la gasolina
4. la motocicleta
5. la izquierda
6. el choque
7. el camión
8. las llantas
9. la estación de servicio o la gasolinera
10. girar
11. el semáforo
12. límite de velocidad
13. estacionar
14. el tanque
15. los frenos
16. el motor

14-3

1. ¡Socorro! ¡Auxilio!
2. ¡Qué lío!
3. ¡Claro! ¡Por supuesto!
4. ¡Ay de mí!
5. ¡Qué lástima!

14-4

(Answers will vary.)

1. Revisémosle
2. Pongámosle
3. Reparémosle
4. Afinémosle
5. No conduzcamos

14-5

(Answers will vary.)

Acostémonos
Levantémonos
Desayunemos
Salgamos

14-6

1. en caso de que
2. para que
3. a menos que
4. con tal de que

14-7

1. pueda
2. haya
3. tenga
4. compre
5. necesite

14-8

(Answers may vary.)

14-9

1. fuera a, le prestara
2. hiciéramos, estudiáramos
3. (me) compraran, (me) dieran

14-10

(Answers will vary.)

14-11

(Answers will vary.)

14-12, 14-13

(No answers provided for Repaso general exercises.)

Capítulo 15

15-1

1. la víctima
2. la guerra
3. el desempleo
4. el jefe
5. el voluntario
6. la droga
7. el ciudadano
8. la solicitud
9. el terrorismo
10. votar
11. libertad
12. el gobierno
13. la entrevista
14. robar
15. el noticiero
16. la pobreza
17. el hambre
18. la investigación
19. la cura
20. la igualdad

15-2

Nacional 2, 3, 8
Internacional 1, 7, 9, 11
Economía 7, 8
Ciencia 5, 6, 19
Sociedad y Cultura 4, 12

15-3

1. luchar
2. en contra de, pena de muerte
3. eliminar
4. legalizar
5. narcotráfico
6. leyes
7. discriminación

15-4

1. Reduciré el desempleo tan pronto como la economía mejore.
2. Apoyaré esa causa con tal de que (ustedes) me den más información.
3. No firmaré esa ley a menos que haya una emergencia.
4. Hablaré con los senadores después de que regresen a la capital.
5. Resolveré ese problema antes de que los ciudadanos se quejen.
6. Seré presidente hasta que mi periodo expire.

15-5

1. a) futuro
   b) pasado
   reciba, recibí
2. a) pasado
   b) futuro
   llegó, llegue
3. a) futuro
   b) pasado
   me digas, me dijiste

15-6

1. a) Los llamaré antes de salir.
   b) Los llamaré antes de que salgan.
2. a) Haremos las maletas después de lavar la ropa. *o* Empacaremos después de lavar la ropa.
   b) Haremos las maletas después de que laves la ropa. *o* Empacaremos después de que laves la ropa.

15-7

(Answers will vary.)

15-8

1. hayan hecho, haya visitado, haya pasado, haya hecho, haya visto
2. haya sacado, haya encontrado
3. ha divertido

15-9

(Answers will vary.)

15-10

(Answers will vary.)

1. Si tuviéramos el dinero, se lo daríamos a...
2. Si fuera presidente/a, resolvería...
3. Si trabajara en la ONU, lucharía por...
4. Si los científicos encontraran una cura para el cáncer, estaríamos...
5. Si todos los países protegieran el medio ambiente, salvarían...

15-11

(Answers will vary.)

1. Si mi novio/a me dejara por otra persona...
2. Si pudiera hablar con un extraterrestre...
3. Si fuera a las fiestas de San Fermín en Pamplona...

15-12, 15-13

*(No answers provided for **Repaso general** exercises.)*